Werner Harke

Der unlogische Gott

Warum Gott unser logisches Denken bis aufs Äußerste strapaziert und doch real, lebendig und erfahrbar ist

102 Abbildungen

TPI
Hurlach

Für Menschen, die ehrliche Fragen haben

Bildnachweis:

- 43 Clip Art-Abbildungen aus: Art Explosion, Nova Development Corporation, Calabasas/CA, USA 2001 (einschließlich Titelbild) und The Big Box of Art, Hemera Technologies Inc., Hull, Quebec/Canada 2001

- Titelbild: Das Kreuz des Südens

- 37 Cartoons und 7 Diagramme vom Verfasser

- 15 Abbildungen aus Bücherkatalogen etc.

- Bibelzitate, wenn nicht anders vermerkt, aus der revidierten Lutherübersetzung 1984, Deutsche Bibelgesellschaft Stuttgart

Verlag Jugend mit einer Mission,
Schlossgasse 1, D-86857 Hurlach

Satz und Gestaltung: TPI/ Truth Press International

Druck: Westermann Druck Zwickau

ISBN: 978-3-930183-210

Inhaltsverzeichnis

Hilf, Herr meines Lebens,
dass ich nicht vergebens,
dass ich nicht vergebens
hier auf Erden bin.

(Gustav Lohmann 1962, Ev. Gesangbuch, Nr. 419)

Einen ganz herzlichen Dank an Marianne Friedli und Dieter Schramm für ihre wertvollen und kritischen Anregungen und Anmerkungen. Sie waren eine wesentliche Hilfe für die Fertigstellung des Buches.

Jugend mit einer Mission ist ein internationales, überkonfessionelles Missionswerk, in dem Christen aus evangelischen, katholischen und freikirchlichen Gemeinden zusammenarbeiten.

Zum Autor:
Ich bin gläubiger evangelischer Christ und fühle mich allen gläubigen Christen in allen christlichen Konfessionen eng und in Einheit verbunden.

Vorwort

Die Frage nach Gott ist für viele eine müßige Frage. Was soll's, das merkt man früh genug, wenn es soweit ist, wenn wir hier abtreten. Eine geistreiche, intelligente Antwort, die nur einen Schönheitsfehler hat: Sie ist nur dann wirklich geistreich, wenn es keine Konsequenzen gibt.

Sollte die Art und Weise, wie wir hier unser Leben zubringen, irgendwelche Konsequenzen nach sich ziehen (was ja durchaus im Bereich des Möglichen liegt), verliert die Antwort sofort an Glanz. Sollten etwaige Konsequenzen sogar langwierige Auswirkungen haben können, möglicherweise sogar ewige (was ebenfalls nicht auszuschließen ist), ist die Antwort überhaupt nicht mehr geistreich.

Das Geistreichste und Intelligenteste ist daher, dieser Frage nachzugehen. Die Frage nach Gott gewinnt sofort an Gewicht, wenn man die Verbindung Gott - unser Leben - Konsequenzen erkennt. Dann ist das plotzlich keine theoretische, abstrakte Angelegenheit mehr, sondern wird ganz persönlich. Es geht um mich und meine Zukunft. Das sollte eigentlich für jeden Menschen von Interesse sein.

Die Schwierigkeit ist nur, dass die Frage nach Gott nicht so ganz einfach zu beantworten ist. Gott ist immerhin sehr viel größer als wir, er lebt in einer Dimension, zu der wir nur minimalen Zugang haben, er ist unsichtbar, verborgen, souverän, und er handelt oft so rätselhaft, ungewöhnlich und gegen alle Erwartungen, dass wir große Mühe haben, ihn zu verstehen. Er hat viele für uns geheimnisvolle, nicht nachvollziehbare, nicht einsehbare Seiten. Er erweist sich, gemessen an der menschlichen Logik, immer wieder als ein „unlogischer" Gott.

Und doch ist er da, nimmt Anteil an unserem Leben, lässt sich finden und erweist seine Realität auf vielerlei Weise. Wenn es vielleicht auch keine absolut sicheren Beweise für seine Existenz geben mag, so gibt es doch zahlreiche so deutliche Hinweise dafür, dass jeder Mensch, der sich unvoreingenommen damit beschäftigt, davon überzeugt sein kann. Welche das sind, und warum Gottes Existenz für unser Leben entscheidend wichtig ist, ist der Inhalt dieses Buches.

Am Schluss werden auch Sie hoffentlich erkennen können, dass Gott tatsächlich existiert und über uns und unser Leben gute Gedanken hat. Und dass hinter all seiner menschlich uneinsehbaren „Unlogik" doch eine geheimnisvolle Logik steckt, die alles erkennt, alles im Blick hat, alles lenkt und immer zum Guten hinführen möchte - eben göttliche Logik.

Wer oder was ist überhaupt Gott?

Haben Sie schon einmal einen der folgenden Aussprüche gehört:

- „Ich habe meine eigene Ansicht von Gott“
- „Das ist nicht meine Vorstellung von Wahrheit“
- „Ich habe meine persönliche Auffassung von Jesus“
- „Mein Verständnis vom Glauben ist anders“
- „Ich habe meinen eigenen Standpunkt von Religion“

usw.?

Solche inhaltsschweren Worte stammen meist von modernen, fortschrittlichen, kompetenten Personen. Sie wollen damit ausdrücken, dass sie sehr wohl in der Lage sind, sich ihr eigenes, ganz persönliches Denksystem über Gott, Jesus, Wahrheit, Glauben, Religion usw. zu bilden.

Für einen einfachen, weniger gebildeten Menschen drängt sich hier spontan die Frage auf: Könnte es nicht wichtiger sein, etwas über Gottes Verständnis und seine Auffassungen zu erfahren? Wie denkt er über sich selbst, über Jesus, Glauben, Bibel, Wahrheit, Religion usw.? Sind seine Auffassungen und Ansichten nicht vielleicht wichtiger als unsere privaten, persönlichen Denksysteme?

Kann man darüber etwas wissen? ***Kann man überhaupt mit Sicherheit etwas über Gott wissen***, z.B., dass er existiert? Dann fielen seine Ansichten mit Sicherheit mehr ins Gewicht als die aller modernen, fortschrittlichen, gebildeten, kompetenten Personen zusammen.

Wie sieht es mit den zentralen Fragen unseres Lebens aus, die letztlich über ***unser Wohlergehen im Leben und unsere Zukunft danach*** entscheiden? Gott wurde ja schon hunderte Male für tot erklärt. Gibt es ihn oder nicht? In Hinblick auf seine Existenz wurden schon unzählige Gegenbeweise angetreten, die jedoch bis heute noch nie recht gelungen sind. Ein fast schon heiteres Beispiel eines solchen misslungenen Gegenbeweises findet sich in dem Lebensbericht des amerikanischen Pfarrers **Merlin Carothers:**

Nach einem Vortrag kam ein junger Soldat auf ihn zu und fragte, ob er das Zeug glaube, was er erzählt habe. Carothers antwortete spontan: „Ja, das glaube ich. Ich weiß, dass Gott mein Gebet erhört." Darauf sagte der ungläubige Soldat mit einem Hintergedanken, dass er seit seinem 14. Lebensjahr rauche, und bat um ein Gebet zur Befreiung. Carothers wusste nicht, wie er beten sollte. Er bat Gott innerlich um Weisung. Schließlich legte er seine Hand auf die Schulter des Soldaten und betete schlicht und einfach. „Gott, lass ihn nie wieder rauchen!" Hinterher dachte er: „Was habe ich da jetzt bloß gebetet?"

Nach einem Monat kam der Soldat zurück und strahlte übers ganze Gesicht. Er berichtete: „Ich dachte, das ist eine glatte Rechnung. Ich brauche nur zu rauchen und werde beweisen, dass Gott eben keine Gebete erhört. Ich ging auf die Toilette und zündete mir eine Zigarette an. Dann nahm ich einen tiefen Zug, musste mich aber sofort übergeben. Ich dachte, das wäre Zufall ... ich versuchte es am Nachmittag noch einmal. Es passierte wieder das Gleiche. So ging es

während der nächsten drei Tage. Jedesmal, wenn ich rauchen wollte, musste ich mich übergeben. Jetzt wird mir schon übel, wenn ich bloß an eine Zigarette denke." Es verwundert nicht, dass der junge Soldat seine Meinung über Gott radikal änderte *(Merlin Carothers, Ich suchte stets das Abenteuer, Asaph Lüdenscheid, 2007, S. 39f).*

Aus einem solchen fehlgeschlagenen ***Gegenbeweis gegen Gott*** kann man natürlich noch keinen ***Beweis für Gott*** herleiten. Es könnte immer noch eine Kette von „Zufällen" gewesen sein. „Gott" als Ursache käme erst als letzte Möglichkeit in Betracht. Gott ist heute für uns moderne Menschen ja weit weg. Wer glaubt noch an Gott? Wir glauben an alles Mögliche, aber doch nicht an Gott! Schlau, wie wir sind, machen wir uns unsere eigenen Denksysteme, folgen irgendwelchen Gurus, Meistern, Schamanen, Wahrsagern, „Offenbarungsempfängern" oder Ideologen und glauben an Horoskope, Tarotkarten, Talismane, Magie, Ideologien und Theorien.

Eine wahrhaft bunte Palette, die nur einen Nachteil hat - es ist nicht ohne weiteres zu erkennen, was davon erstens real und zweitens gut sein könnte und was nicht. Es erhebt sich ganz von selbst die Frage nach der REALITÄT. Und wenn wir schon mal bei der Realitätsfrage sind, sollten wir natürlich auch ***die Frage nach der Realität Gottes*** stellen. Ist Gott real, gibt es den eventuell doch, auch wenn keiner an ihn glaubt? Und wenn ja, welcher ist es? Es gibt ja viele Götter, Gottesvorstellungen, Götzen, an die geglaubt wird.

Es gibt zig Ideen sowohl von Gott als auch von keinem Gott. Bei soviel Angeboten ist die Frage nach der Realität doch sehr sinnvoll.

Eigentlich ist es einleuchtend: Wenn wir zur Wahrheit über unser Leben und unsere Welt gelangen wollen, müssen wir von der Realität ausgehen. Sie muss zugrundeliegen. Wenn wir dagegen von unseren Meinungen, Ansichten,

Denksystemen ausgehen, laufen wir wahrscheinlich schnell an der Wahrheit vorbei. Das sollte niemanden überraschen, denn unsere Meinungen sind nur selten deckungsgleich mit der Realität.

Was also ist die Realität? Ist es eine mit verschiedenen

Göttern, mit keinem Gott oder mit doch einem Gott? Könnte es sich dabei sogar um den christlichen Gott handeln, der sich in Jesus Christus erkennbar gemacht hat? ***Eine brisante Frage, denn dann ginge es in unserem Leben tatsächlich um sehr viel - um unsere ewige Zukunft.***

Obwohl dieser Gott weitgehend abgeschrieben ist, laufend für tot erklärt wird und kaum noch jemand an ihn glaubt, gibt es merkwürdigerweise doch immer wieder Hinweise dafür, dass er existiert. Um was für Hinweise es sich dabei handelt, wird im Weiteren ausführlich aufgezeigt. Dass dieser Gott nicht leicht fassbar ist, ist eine andere Sache. Aber auch wenn er uns in noch so unlogischer, unbegreifbarer, unberechenbarer Weise begegnet, bliebe seine Existenz davon natürlich unberührt.

Klar ist, dass ein ***blinder Glaube*** sinnlos und gefährlich ist. Was, wenn sich mein Glaube am Schluss als Einbildung erweist? Wer möchte schon ein Leben lang an etwas Falsches, Irreales, Erfundenes glauben? Ständig Zeit und Energie in eine Illusion zu verpulvern, ist ja nicht unser Lebenszweck. Falls es auch Konsequenzen für unser Leben geben sollte, werden die Weichen ja logischerweise im jetzigen Leben gestellt. Es können also für unsere Zukunft nach dem Tod auch negative Folgen auf uns zukommen. (Wir dürfen uns auch nicht einfach auf unsere Taufe verlassen. Getauft sind auch viele Menschen, die schon mal gelogen, gestohlen, etwas Schlechtes getan oder Gutes unterlassen haben. Die Taufe schützt also nicht vor negativen Konsequenzen.) Wir müssen uns daher informieren, so gut es möglich ist.

Wie kann man sich vor einem blinden Glauben schützen? Indem man prüft und hinterfragt und sich nicht einfach mit „glauben“ zufriedengibt. Es gilt, soweit es irgend geht, ***den Glauben durch Wissen zu ersetzen***. Am besten ist immer Gewissheit. Wenn ich genau weiß, dass mein Glaube sich mit der Realität deckt, habe ich Gewissheit. Das ist ein Fundament, auf dem ich mein Leben aufbauen kann. Ich schwimme nicht mehr im Nebel der Möglichkeiten, bin nicht länger von den Vorgaben irgendwelcher Autoritäten abhängig, sondern habe sicheren Boden unter den Füßen. Ich kann sicher sein, dass ich mein Leben nicht in eine Fata Morgana investiere - ***wie es heute millionenfach geschieht*** -, sondern in die Wahrheit, Wirklichkeit, die auch nach dem Tod noch gilt. Und genau die gilt es herauszufinden.

Es geht also um die Frage: Wer ist überhaupt dieser Gott, an den ich glaube oder nicht glaube, glauben will oder glauben soll? Wie kann ich denn über ihn Informationen erlangen? Ist dieser Gott Tatsache oder Phantasie? ***Kann ich eventuell auch persönlich mit ihm in Kontakt kommen?*** Um all dies besser erkennen zu können, müssen wir uns zunächst anschauen, was überhaupt an Göttern und Gottesvorstellungen auf dem Markt der Möglichkeiten angeboten wird. Diese Angebote müssen wir dann auf Realität abklopfen.

Eine Fata Morgana
hilft nicht

Angebote gibt es in Hülle und Fülle - Dutzende, Hunderte von verschiedenen Göttern, Erlösern, Meistern, Gurus, Götzen, Gottesvorstellungen, Eingeweihten, Auserwählten, die mit dem Anspruch einer göttlichen, höchsten Instanz auftreten. Das geht quer durch alle Religionen und Sonderlehren, häufig verbunden mit einem Absolutheits- und Ausschließlichkeitsanspruch, der alle Konkurrenzgötter ausschließt.

Das ist noch nicht einmal alles. Hinzu kommen die zahlreichen Denksysteme, die ohne irgendeinen Gott auskommen, deren Anhänger aber genauso felsenfest von der Richtigkeit ihres Systems überzeugt sind - Ideologien, Philosophien und wissenschaftliche Theorien. Die Frage ist also: Wo in all diesen widersprüchlichen Glaubens- und Unglaubenslehren finden wir die Realität, das Echte, Wahre, bleibend Gültige?

Eines wird sofort klar: Alles kann nicht richtig sein. Viele dieser Denk- und Glaubenssysteme widersprechen sich diametral. Das heißt, das eine schließt das andere aus. Wenn A richtig ist, kann B nicht richtig sein und umgekehrt. Entgegen gängiger Meinung lässt sich keineswegs alles unter einen Hut bringen. Wenn 2 + 2 = 4 ist, kann nicht gleichzeitig auch 5, 7 oder 12 richtig sein. Das ist völlig unabhängig von dem, was wir denken, glauben, meinen, für richtig oder unrichtig, wichtig oder unwichtig halten.Unsere bequeme Toleranz zieht hier nicht:

- Wenn es Gott gibt, kann Atheismus nicht richtig sein, und wenn es umgekehrt keinen Gott gibt, kann Religion nicht richtig sein.
- Wenn Gott ein personhafter Gott ist, kann er kein unpersönliches Etwas, keine bloße kosmische Energie sein.
- Wenn Gott ein anteilnehmender, liebender, gerechter Gott ist, kann er nicht gleichzeitig ein unnahbarer, gleichgültiger, willkürlicher Gott sein.
- Wenn es nur ein einziges Leben gibt, kann es nicht gleichzeitig Tausende von Reinkarnationen (Wiederverkörperungen) geben.

Das sind Widersprüche und Gegensätze, die sich gegenseitig strikt ausschließen.

Schon von den Glaubensinhalten her kann also nicht alles richtig sein. Sobald aber tatsächlich das richtige System dabei sein sollte, können die anderen nicht auch genauso richtig sein. Sie müssen dann zwangsläufig falsch sein. ***Die beliebte Formel: „Es führen alle Wege zum gleichen Gott“ scheitert schon im Ansatz an den Gesetzen der Logik.*** Wenn es irgendwo einen wahren Gott gibt, können die anderen Götter nicht auch wahr sein. Entscheidend kann immer einzig und allein nur die Realität sein.

Was also ist die Realität? Das liegt nicht so einfach auf

der Hand. Die Vielzahl der Glaubensvorstellungen.ist unüberschaubar: Christen glauben an Jesus Christus, Moslems an Allah, Hindus an Brahman, Wischnu, Kali, Krishna, Ganesh usw., Buddhisten an das Nirwana (Nichts), die Naturreligionen an Geister und Ahnen, Esoteriker an die kosmische Energie, Sekten an ihren Guru und Gründer usw.

Passen diese Gottesvorstellungen zusammen? Führen sie alle zum gleichen Gott? Sind das alles gute Götter? Was, wenn wir an ein Phantasiesystem glauben, das sich nicht mit der Realität deckt? Oder an zwar reale, aber dämonische Mächte (die sich natürlich freundlich, friedlich, harmlos geben - sie sind ja mindestens genauso schlau wie wir)? ***Können wir am Ende auch etwas verpassen?*** Vielleicht sogar unser ewiges Glück? Das sind konkrete Möglichkeiten.

Viele Leute sind für ***Toleranz***. Ist nicht einfach Toleranz die ideale Lösung? Jeder nach seiner Fasson? Selbstverständlich ist Toleranz gut, aber in diesem Fall nicht hilfreich. Das geht schon aus dem oben Gesagten deutlich hervor. Eine ***Fata Morgana*** nützt nichts, im Gegenteil! Wenn unser Leben Konsequenzen für unser Schicksal nach dem Tod hat, müssen wir die Wahrheit wissen. Eine extreme Abart dieses Toleranzdenkens findet sich heute unter der Bezeichnung ***„Postmoderne“***: Alles ist gleich gültig, es muss sich nur gut anfühlen. „Du hast deinen Glauben, ich hab meinen. Glaube du, was du willst, ich glaube, was ich will. Es ist völlig egal, was einer glaubt, alles ist irgendwie wahr.“

Da wird Toleranz schon erkennbar irrational. Sie findet sich besonders unter Jugendlichen. Statt „gleich gültig“ würde eher „gleichgültig“ zutreffen. Mit den realen Gegebenheiten hat das nichts mehr zu tun. Das wird sofort klar, wenn jemand einem solchen „postmodernen“ Gläubigen sein Mountainbike stiehlt oder ihm gegen das Schienbein tritt. Dann ist sofort nicht mehr alles „gleich gültig“.

Durch derartige moderne oder auch postmoderne Glaubenskonzepte können wir letztlich den ***Sinn unseres Lebens*** (den es durchaus gibt!) und unsere gute ewige Zukunft verpassen. Dann würde die beste, wohlmeinendste Toleranz nur ins Unglück führen. Wenn wir nur ein Leben haben, wäre das ein hohes Risiko.

Es gibt daher Grund genug, sich zu informieren. Ein weiteres, sehr verbreitetes „modernes“ Glaubenssystem ist heute das der ***Reinkarnation*** - der Glaube an viele Leben, an „Wiederverkörperung“. Aber sämtliche Beweise für „Rückerinnerungen an vergangene Leben“ lassen sich nachweisbar und definitiv auch anders erklären. Sie können - von den Fakten her - einfach nicht stimmen *(Die Abschaffung der Realität, TPI, Hurlach 2002).* Alles deutet darauf hin, dass wir nur ein Leben haben. Dieses eine Leben müssen wir nutzen, um die Weichen für eine gute Zukunft zu stellen. Es wäre sehr peinlich, dauerhaft auf eine falsche Lehre, eine Fata Morgana oder negative, zerstörerische Mächte hereinzufallen.

Wir müssen darum nicht nur herausfinden, was ***real oder nicht real*** ist, sondern unbedingt auch, was ***gut oder böse*** ist! Denn es gibt durchaus auch Mächte, die zwar real, aber negativer, nichtgöttlicher Art sind. Okkultisten können das leicht bestätigen, denn sie haben es bei ihrer okkulten Betätigung mit diesen realen Kräften zu tun. Für sie ist die Frage nach der Realität Satans überhaupt keine Frage.

Es ist durchaus nicht so, dass alle die unsichtbaren Mächte, die sich sehr lichtvoll und abgeklärt darbieten, tatsächlich auch lichtvoll und von Gott sind. Denn auch die Mächte, die gegen Gott arbeiten und negative Ziele verfolgen, können sich sehr religiös und geistlich geben und unter dem Deckmantel von Religion mit viel Licht und speziellen „Erleuchtungen“ auftreten. Das gilt es zu beachten.

Um nicht ganz in Theorie zu versinken, wollen wir uns im folgenden Kapitel einmal anschauen, was Menschen erlebt haben. Es gab ja zu allen Zeiten und gibt bis heute Menschen, die auf der Suche nach der Wahrheit etwas erlebt haben. Manche glaubten gar nicht an Gott, manche waren einfach auf der Suche, manche steckten in tiefen Krisen. Sie haben gesucht oder gebetet, und es ist etwas passiert.

Gott persönlich erlebt: Erfahrungsberichte

Was Theorie nur schwer bewirken kann, wird durch Erfahrungen, die Menschen persönlich gemacht haben, anschaulich. Bisher ging es nur theoretisch um Gott, um drei Fragen:

- ***die Frage nach der Realität.*** Existiert Gott oder existiert er nicht?
- ***die Frage nach der Wahrheit.*** Welcher Gott ist der echte, richtige?
- ***die Frage nach der Quelle:*** Habe ich es mit einer guten oder bösen Macht zu tun?

Nichtgläubigen hilft auch die beste Theorie wenig. Auch wenn es deutliche Argumente und Hinweise gibt, die für die Existenz Gottes sprechen, erreichen sie meist nur den Kopf. Reines Kopfwissen ohne persönliche Erfahrung führt nur selten zur Gewissheit über Gott. Nun einige Berichte von Menschen, die etwas mit Gott erlebt haben. Oft waren sie vorher voll Zweifel und Unglauben. ***Dann haben sie etwas erlebt, was ihre Zweifel und ihren Unglauben beseitigte.*** Manchmal sind es ganz erstaunliche, verblüffende Berichte. Manche Erlebnisse sind so unglaublich, dass man sie für Phantasie halten könnte. Aber sie sind belegt und bezeugt:

Ein junger Belgier, der an nichts glaubte, sah in seinem Leben keinen Sinn und wollte ***Selbstmord*** begehen. Er fuhr ins Gebirge und suchte sich dort eine lange, gerade Strecke vor einer Haarnadelkurve aus. Dort wollte er den Wagen mit Höchstgeschwindigkeit in den Abgrund steuern. Es waren noch 10 Meter bis zur Kurve. Er berichtet: „Ich raste mit

Höchstgeschwindigkeit auf die Kurve zu ... Plötzlich hörte ich eine Stimme, die sagte: ***‚Das hier, das ist für mich.‘*** Im gleichen Augenblick spürte ich, wie sich zwei Hände über meine legten. Diese Hände hatten eine unendliche Kraft ... Die Pedalen wurden betätigt, um so rasch wie möglich das Auto zu verlangsamen ... Der Wagen wurde nach links in die Kurve gesteuert und blieb am Rande des Abgrunds mit einer unbeschreiblichen Sanftheit stehen ... Wie von selbst öffnete sich die Tür zu meiner Linken ... Ich stieg aus ... Deutlich hörte ich die Worte meines unsichtbaren Beschützers: ‚Hast du jetzt verstanden?‘ Ich blieb wie angewurzelt stehen, meine Beine zitterten, mich erfasste eine große Furcht.“ Der junge Mann begriff, dass Gott sein Leben durch einen Engel gerettet hatte. Er wurde gläubig und bekehrte sich *(Peter Zimmermann, Die Macht und Hilfe Gottes in unserer Zeit, Miriam-Verlag 2002, S. 221).*

- **Pierrot Fey**, ein cleverer Geschäftsmann, war wegen einiger zu cleverer Geschäfte im Gefängnis gelandet. Er begann, in der Bibel zu lesen und las, dass Jesus "gestern, heute und in Ewigkeit derselbe ist". Fey litt seit einem misslungenen Fallschirmsprung unter starken Rückenschmerzen, keine Behandlung hatte ihm helfen können. So ging er auf seine Knie und betete: "Herr, wenn du heute derselbe bist, kannst du mich heilen." Er wusste nicht weiter und sagte nur: "JESUS!" Er schildert: "Im selben Augenblick hörte ich es in meinem Rücken krachen, als ob ein Stück Holz zerbräche. Ich fühlte, wie sich etwas bewegte. Danach stand ich auf. Ich war völlig geheilt, innerhalb einer Sekunde. In diesem Moment begriff ich, dass das, was in der Bibel geschrieben ist, die Wahrheit ist." Heute ist Fey Pastor der Gemeinde "Die Taube" in Heidelberg. Er betet regelmäßig für Kranke, immer wieder geschehen Heilungen *(Pierrot Fey, Wunder aus Liebe, Taube-Verlag Heidelberg, 3. Aufl. 2007, S. 24).*

- Der Hamburger **Klaus Udo Jark** berichtet von einem Schlüsselerlebnis, das ihm völlige Gewissheit über die Existenz Gottes gab: Seine Eltern waren sehr arm. 1954, als er 9 Jahre alt war, schenkten sie ihm eine Mütze, die sie sich buchstäblich vom Munde abgespart hatten. In der damaligen Zeit nach dem Krieg war das eine Kostbarkeit. Klaus liebte die Mütze sehr und setzte sie immer auf. Doch als er eines Tages mit anderen Kindern in einer großen Scheune im Heu spielte, war die Mütze plötzlich verschwunden. Alle Kinder suchten den ganzen Nachmittag gemeinsam nach der Mütze, aber ohne Erfolg. Als es dunkel wurde, gingen die anderen Kinder nach Hause, doch Klaus suchte noch Stunden im Dunkeln weiter. Schließlich gab er auf und schlich in völliger Finsternis die 2 km nach Haus. Wie er erwartet hatte, wurde sein Vater sehr zornig. Er schickte ihn sofort zurück -

ohne Mütze bräuchte er gar nicht zu kommen. Klaus tastete sich in großer Angst zurück zur Scheune und suchte verzweifelt weiter in den riesigen Heuhaufen. Stunden vergingen. Er hatte große Angst, hörte Ratten und Mäuse huschen und weinte ständig. Schließlich hockte er verzweifelt im Heu, faltete die Hände und betete in großer Not: "Lieber, lieber Gott, hilf mir doch, ich habe solche Angst, ich bitte dich, Hilfe ..." So betete er minutenlang - ***und hatte plötzlich die Mütze in seinen gefalteten Händen.*** Jark schließt: "Mein Glaube an Gott ist spätestens seit diesem Erlebnis unerschütterlich" *(CiG-Journal/Christen im Gesundheitswesen, 2008/2009, S. 42).*

- **Kristin Abel** war Mutter von zwei eigenen und fünf adoptierten Kindern. Ihr Leben glich einem Martyrium. Sie hatte ein verkürztes Bein und litt über 20 Jahre an Bandscheibenvorfällen, Schmerzen und Lähmungserscheinungen. Oft konnte sie nur auf allen Vieren kriechen. Vier Bandscheiben-Operationen halfen nicht. Die Ärzte waren ratlos. 2003 besuchte sie einen Heilungsgottcsdienst im Christlichen Zentrum Wiesbaden. Pastor **Andreas Herrmann** betete für Anwesende mt "orthopädischen Problemen". In den nächsten Tagen merkte sie, wie sich ihr Zustand ständig verbesserte. Nach einiger Zeit konnte sie wieder stehen, dann sogar laufen, hüpfen und sich bücken. Voller Freude und Erwartung ging sie wieder in den Gottesdienst. Diesmal betete Herrmann für die Verlängerung des verkürzten Beines. Sie spürte, dass etwas geschah. Als das Bein später von den Ärzten gemessen wurde, bestätigten diese, dass das Bein 2 cm gewachsen war. Kristin ist seitdem geheilt *(Healing Times Nr. 5/Christliches Zentrum Wiesbaden, S. 7).*

- Der Lebensbericht von **Gulshan Esther**, einer Moslemin in Pakistan, findet sich in dem Bestseller „Der Schleier zerriss“. Gulshan war von Kindheit an halbseitig gelähmt und hatte ein verkrüppeltes Bein und einen verdorrten Arm. 19 Jahre lang musste sie in einem Rollstuhl gefahren werden. Ihre Familie tat alles, um eine Heilung zu erreichen, doch alle Ärzte und Therapien, alle Gebete zu Allah und auch eine Pilgerreise nach Mekka brachten keine Änderung. Eines Tages las Gulshan im Koran, dass der „Prophet" Jesus Kranke heilte und Tote auferweckte. So fing sie an, zu ihm um Heilung zu beten. ***Eines Nachts, als sie betete, ist ihr Zimmer plötzlich taghell erleuchtet.*** Vor ihr stehen 13 Gestalten im strahlenden Licht. Eine von ihnen sagt zu ihr: „Stehe auf! Dies ist der Weg, den du immer gesucht hast. Ich bin Jesus, zu dem du gebetet hast. Stehe auf und komm zu mir! Ich bin Jesus!" Die Moslemin fühlt, wie Kraft in ihre verdorrten Glieder fließt. Ihr Arm und ihr Bein werden auf der Stelle geheilt und nehmen ihre normale Form an. Sie steht auf und kann zum ersten Mal in ihrem Leben selbstständig gehen. Als sie am nächsten Morgen allein die Treppe herunterkommt, ist ihre Familie fassungslos. Doch trotz dieses offensichtlichen Wunders ist die Familie nicht bereit, die Gottheit von Jesus anzuerkennen. Gulshan hält jedoch an ihrem Glauben an Jesus fest. Auf ihrem spannenden weiteren Lebensweg erlebt sie immer wieder Schutz und Bewahrung durch Jesus *(Gulshan Esther; Der Schleier zerriss, Fliß Verlag Hamburg, 17. Auflage 2008).*

Der kanadische Pater **Emiliano Tardif** erlebte 1973 Heilung durch Gebet bei einer weit fortgeschrittenen Lungentuberkulose. Die Ärzte hatten ihn praktisch aufgegeben. Dann beteten fünf Laien einer Gebetsgruppe der Charismatischen Erneuerung für ihn (die „Charismatische Erneuerung" ist eine Erneuerungsbewegung innerhalb der Großkirchen). Tardif spürte eine große Wärme in seinen Lungen und war geheilt. Mit dieser Heilung hatte Gott ihm zugleich die in der Bibel erwähnte ***„Gabe der Heilung“*** gegeben. Tardif begann, für andere Kranke um Heilung zu bitten und Heilungsgottesdienste abzuhalten.

Eine Schwester der Ursulinen berichtet, wie sie durch den Dienst von Pater Tardif 1990 im Frankfurter Dom Heilung empfing. 1985 war sie wegen Brustkrebs operiert worden. Die Lymphdrüsen wurden entfernt, sie erhielt Bestrahlungen, aber es gab zahlreiche Metastasen. Sie hörte Pater Tardif sagen: „Soeben will der Herr fünf Krebskranke heilen“ - und er zählte verschiedene Krebsarten auf. Der Schwester ging es „durch und durch“, und sie betete zu Gott: „Herr, ich danke dir schon jetzt für das, was du für mich tust.“ Zehn Tage später bei der nächsten Untersuchung fragte sie der Arzt: “Sagen Sie, was ist mit Ihnen passiert? Bei der letzten Aufnahme hatten Sie nicht nur Metastasen in der Brust, sondern auch einen großen Schatten auf der fünften Rippe links. Können Sie das erklären? Die Metastasen sind verschwunden.“ Sie konnte, und schloss ihren Bericht: „Meine Dankbarkeit und mein Vertrauen haben durch diese Fügungen gewaltig zugenommen“ *(Peter Zimmermann, Die Macht und Hilfe Gottes in unserer Zeit, Miriam-Verlag, Jestetten 2002, S. 252).*

- **Oliver Schalk** war Hooligan, Skinhead, Neonazi und Kneipenwirt in Ostberlin. Wegen staatsfeindlicher Äußerungen wurde er mehrmals inhaftiert. Er war erfüllt vom Hass auf alles, sein Lebensinhalt war Randale bei Fußballspielen. Es gab blutige Schlachten und zusammengeschlagene Gegner. Weil die Kneipe schlecht ging, ließ Oliver sich nach der Wende unter Vorspiegelung einer psychischen Krankheit zu einer Kur schicken In seinem Gepäck fand sich auch eine Bikerbibel, die ihm christliche Biker auf einem Bikertreffen geschenkt hatten. Da er in der Kur viel Zeit hatte, begann er darin zu lesen. Mit fortschreitender Lektüre kam ihm sein Leben immer leerer und sinnloser vor. Eines Tages bei einem seiner Spaziergänge in den umliegenden Wäldern forderte er Gott heraus: ***"Jesus, wenn es dich wirklich gibt, dann offenbare dich mir jetzt hier mitten in diesem Wald!"*** Er wollte es ehrlich wissen. Oben auf einem Berg angekommen, stand er plotzlich vor einem Schild: "GLAUBENSZENTRUM". Er war total verblüfft und nahm ein Heft aus einer Box am Tor. Es hieß „Vom Minus zum Plus" und beschrieb, wie man mit Gott in Kontakt kommt. Seine Verwirrung steigerte sich noch, als ein junger Mann aus dem Tor trat und ihn fragte: „Willst du etwas über Gott wissen?" War das eine Antwort auf sein Gebet? Er stellte dem jungen Mann zahlreiche Fragen. Danach las er das Heft zu Ende. Am Schluss stand ein "Übergabegebet". Langsam und bewusst betete er das Gebet nach. In diesen Minuten lief vor Oliver sein ganzes Leben ab. Er sah die Menschen, die er zusammengeschlagen hatte. Vor seinen Augen tauchten die vielen Verbrechen und Gemeinheiten auf, die er begangen hatte. Konnte Gott das alles vergeben? Was dann geschah, beschreibt er so: "Mein Weltbild war von einer Minute zur anderen verändert. ***Ich war ein neugeborener Mensch.*** Alles, was vorher gewesen war, gehörte zum alten Olli." Heute kümmert er sich in einem Berliner Hilfwerk "Zukunft für Dich" um Drogenabhängige, Punker, Jugendliche und Kinder aus sozial schwachen Familien *(Ztschr. Ideaspektrum 17, 2009, S. 44).*

- **Walter Heidenreich**, langjähriger Drogenfreak, erkennt bei einem Horrortrip mit LSD, dass er sich auf satanische Kräfte eingelassen hat. Er schreit innerlich zu Gott und kommt gesund von diesem Trip herunter. Dabei erlebt er einen merkwürdigen, vorher nie gekannten Frieden. Von da an sucht er gemeinsam mit seiner Freundin Irene Gott. Freunde weisen sie auf Jesus hin. Eines Abends sagt er entschlossen: ***„Ich werde jetzt mit Jesus reden. Wenn ich jemanden kennenlernen will, muss ich mit ihm reden.*** Und wenn er da ist, wird er mir antworten und reagieren." Er schildert dann weiter: „Aber das war gar nicht so leicht. Der Schweiß rann mir die Achselhöhlen herunter. In mir tobte ein regelrechter Kampf. Ich stammelte 'Jesus ...', und dann hörte ich mich selber beten. Ich bekannte ihm, dass es mir leid täte, ohne, ja gegen ihn gelebt und gesündigt zu haben ... die Worte kamen mir frei von der Leber weg ... Da kam er wieder, dieser Friede, und durchströmte meinen Körper, meine Gefühle, meine Gedanken. Bis in die tiefsten Tiefen durchdrang mich die Gegenwart Jesu, und ich wusste: Das ist seine Antwort." Heute leiten Walter und Irene ein Reha-Haus für Drogenabhängige und ein großes christliches Hilfswerk in Lüdenscheid *(Walter Heidenreich, Help - I need somebody (in Deutsch), PJ-Verlag Asslar, 8. Auflage 2005).*

Wenn man alle diese Berichte liest, lösen sich möglicherweise schon viele Vorbehalte und Zweifel gegenüber der Existenz Gottes. Aber ncht alle. Warum nicht? Ganz einfach: Alles, was man liest, sind die Erfahrungen anderer Leute. Es sind keine eigenen Erfahrungen; man hat es nicht selbst erlebt. Eine ***persönliche Gewissheit*** stellt sich erfahrungsgemäß erst dann ein, ***wenn man selbst etwas erlebt.*** Um so mehr, wenn es um eine Erfahrung mit dem unsichtbaren Gott geht. Wir sind zwar sehr gutgläubig, wenn es um Horoskope, Wahrsager, Kartenleger, Ideologien, wissenschaftliche Theorien usw. geht, aber wenn es um Gott geht, sind wir äußerst skeptisch.

Durchaus mit Recht, denn was mutet dieser Gott uns zu? Er setzt sich doch, grob gesagt, in sehr überheblicher Weise über unseren Verstand hinweg. Er respektiert nicht einmal unsere hochgeistigen Philosophien, ausgefeilte, ausgekügelte religiöse Systeme, wissenschaftlich hochintelligente Theorien usw. Stattdessen mutet er uns Dinge zu, die so durch und durch naiv und unlogisch sind, dass wir uns schon auf den Arm genommen fühlen. Jungfrauengeburt, einer stirbt für alle, Sintflut, Wunder usw. Das sind doch haarsträubende Aussagen. Und an solche abenteuerlichen Inhalte sollen wir glauben? Da müssten wir ja ständig unseren hochwohllöblichen Verstand ausschalten! Das geht doch wohl zu weit.

Es kommt noch schlimmer. Plötzlich sind wir nicht mehr die ehrlichen, anständigen Personen, als die wir uns fühlen und gefallen, sondern Leute mit Fehlern, Missgriffen und Unzulänglichkeiten. Wir werden angesehen als Leute, die gelegentlich Unrecht begehen, regelmäßig versagen, immer mal wieder schuldig werden und gar nicht besonders vollkommen sind. Unsere Weste ist nicht schön weiß, sondern hat zahlreiche Flecken. Gott scheut sich nicht einmal, unser Image anzukratzen. Er nennt uns sogar „Sünder", ausnahmslos. Dass er damit keine offenen Türen bei uns einrennt, liegt auf der Hand.

Da setzen wir dann doch lieber unseren hochentwickelten Verstand ein und machen uns unser ***eigenes System***. Wir schaffen uns eine Palette von bunten Religionen oder begeben uns auf das unangreifbar objektive Feld der Wissenschaft. Im Licht unserer Vernunft und unseres Wissens erscheinen dann die oft recht grobschlächtigen Aussagen der Bibel einfach nur übertrieben und lächerlich. Damit kann die Bibel (und ihr Gott) bei uns natürlich keinen Blumentopf gewinnen.

Wie einfach, logisch, gradlinig, intellektuell nachvollziehbar erscheinen dagegen die vielen schlüssig aufgebauten Religionen und Denksysteme. Da ist ein Gründer, Lehrer, Prophet, Guru, Eingeweihter, Meister, den man sehen, hören, anfassen, begreifen kann. Oder es gibt klare, wissenschaftliche Vorgaben, die unsere Vernunft respektieren. In manchen Fällen gibt es sogar einen auserwählten Offenbarungsempfänger, der einen Draht zur unsichtbaren Dimension hat. Eine derartige Autorität muss es ja wissen. Das sind reale Personen aus Fleisch un d Blut. Einer solchen Person zu vertrauen fällt uns natürlich viel leichter als einem unsichtbaren Gott.

Sind die vielen Religionen und Denksysteme wirklich soviel logischer und vertrauenswürdiger wie der Glaube an den unsichtbaren Gott, der sich in Jesus Christus offenbart hat? Schauen wir uns die bekanntesten Denksysteme einmal näher an.

Der unlogische Gott und die logischen Götter

In allen oben aufgeführten Gotteserfahrungen handelt es sich um gute, lebenserhaltende, heilende Erfahrungen. Sicher haben Sie bemerkt, dass sie alle auf den Gott der Bibel weisen. Ist das Zufall? Gibt es nicht auch gute Erfahrungen mit Göttern in anderen Religionen? Was ist mit den Erfahrungen der hinduistischen Sadhus, buddhistischen Zenmeister, okkulten Schamanen und Geistlehrer? Sie alle erleben auch Offenbarungen aus der übernatürlichen, unsichtbaren Dimension. Haben sie es dabei mit einer guten oder bösen Macht zu tun?

Unbestritten ist, dass diese Erfahrungen real sind, aber sind sie auch heilsam, befreiend, lebensfreundlich? Das ist keineswegs sicher - vieles deutet darauf hin, dass sie es nicht sind. Auf jeden Fall nicht auf Dauer. Immer wieder tritt in vielen Glaubenssystemen irgendwann ein zerstörerisches, menschenverachtendes Potenzial zutage. Es ist daher sinnvoll, bei den verschiedenen Glaubenssystemen sowohl nach ihren Auswirkungen als auch nach der Quelle und Prüfungsmöglichkeiten zu fragen.

Der ***BUDDHISMUS*** beruht auf den Lehren Buddhas, empfangen durch „Erleuchtung“. Buddha versuchte mithilfe von Meditation tiefe Einsichten in die unsichtbare Welt

zu erlangen und stellte ein hochintellektuelles Denksystem auf. Dieses Denksystem beruht letztlich auf menschlichen, verstandesmäßigen Überlegungen, die aus einer unbekannten Quelle inspiriert wurden.

Jede Erleuchtung einer einzelnen Person ist eine persönliche Angelegenheit und daher nicht prüfbar. Man kann sie glauben oder nicht, aber ob es Tatsache ist, bleibt unergründbar. Das Prinzip ist durchaus logisch, nämlich durch Selbstversenkung und Selbstentleerung Einsichten in die höhere Dimension zu gewinnen. Im Gegensatz zum weitgehend „unlogischen“ christlichen Glauben ist das nachvollziehbar und stößt auf offene Türen - auch wenn man nie wissen kann, aus welcher Quelle solche Einsichten dann schließlich kommen.

Wer im ***„Rad der Reinkarnationen (Wiederverkörperungen)“*** irgendwann nach Jahrtausenden die höchste Stufe erreicht, kann aus diesem Rad aussteigen und sich im ***„Nirwana“***, dem Nichts, auflösen.

Das ist das erstrebenswerte Ziel im Buddhismus. Streng genommen ist der Buddhismus eine Religion ohne Gott, obwohl Buddha inzwischen zu einem Gott hochstilisiert wird. In vielfältigen Zeremonien werden Geister angerufen und ihnen Länder und Städte übereignet. Entscheiden Sie für sich selbst, ob Ihnen eine Auflösung im „Nichts“, dem Endziel des Buddhismus, erstrebenswert erscheint.

Im ***HINDUISMUS*** glaubt man an 33 Hauptgötter, die jeder 1 Million Untergötter haben. Grundlage dafür sind die ausgeschmückten Erzählungen in den heiligen Büchern der Veden und in der Bhagavadgita. Sie enthalten keinerlei prüfbare Daten. Durch Opfergaben, Einhalten bestimmter Riten, Verehrung der heiligen Kühe, Speisung der Geister im Tempel sollen alle bösen unsichtbaren Mächte besänftigt werden, so dass sie einem keinen Schaden zufügen. Man hofft so, Schutz vor dämonischen Attacken zu erlangen. Die Gläubigen leben ständig in der Angst, unsichtbare Mächte zu provozieren (dies ist in allen Religionen mit Geister- und Ahnenverehrung zu beobachten). Die Frucht des Hinduismus ist Armut, Unterdrückung im Kastenwesen, Witwenverbrennungen, Geisterfurcht usw. All dies deutet nicht auf eine gute, sondern auf eine negative, dämonische Quelle.

Ghanesh, der Elefantengott

Wie im Buddhismus gibt es auch im Hinduismus den Glauben an Reinkarnation, an ständige Wiedergeburten in einem neuen Körper. Je nach dem Karma (der Lebensbilanz) des letzten Lebens wird man entweder in einer besseren oder schlechteren Position geboren. Dabei ist auch der Abstieg zum Tier möglich (aus diesem Grund dürfen auch keine Ratten getötet werden, weil sie ehemalige Menschen sein könnten - und das Land leidet unter einer unbeschreiblichen Rattenplage, die so weit geht, dass sogar kleine Babys angefressen werden).

Wer dann irgendwann die höchste Stufe im ***„Rad der Wiederverkörperungen“*** erreicht hat, kann aus diesem Rad aussteigen und sich im „Brahman“, dem „göttlichen Es“, auflösen. Danach streben die vielen hinduistischen Swamis, Gurus, Yogis, Sadhus oft unter großen Entbehrungen und Selbstkasteiungen. Dafür werden sie schon jetzt von vielen persönlichen Anhängern als große Weisheits- und Menschheitslehrer verehrt - auch in westlichen Gesellschaften. Auch im Hinduismus kommen die konkreten Vorstellungen und Vorgaben unserem menschlichen Denken entgegen. Es ist ein System, in dem wir selber aktiv die Dinge in die Hand nehmen können. So etwas erscheint uns glaubwürdig.

Im Westen gibt es inzwischen eine abgeänderte, modernisierte Variante dieser fernöstlichen Religionen, die ***NEW AGE-BEWEGUNG***. In ihr wurde die Reinkarnation nach unten, also auf eine tiefere Stufe, abgeschafft, so dass es nur noch aufwärts gehen kann. Das ist natürlich weitaus attraktiver als ein möglicher Abstieg zum Tier. Damit triumphiert die praktische westliche Vernunft über die etwas schwerfällige östliche Tradition - zum Wohle des gesamten Wieder-

verkörperungsgedankens, der dadurch großen Zulauf erhalten hat. Gerade rational-logisch denkende Menschen der westlichen Welt fühlen sich unter diesen neuen Voraussetzungen von der Reinkarnationsidee magisch angezogen. Allerdings bleibt offen, welche Version jetzt eigentlich gilt: das östliche Original oder die westliche Modernisierung.

Ein weiteres, riesiges, unüberschaubares Glaubenssystem stellt die ***ESOTERIK*** dar. Esoterik heißt „Geheimwissen". Man verlässt sich auf Talismane, Amulette, Edelsteine und Schutzgeister. Es geht um Kontakte zur unsichtbaren Welt, zu „höheren Meistern" und „guten Geistern". Es gibt mediale Durchgaben aus dem Jenseits, okkulte Botschaften durch Glasrücken, Kartenlegen, Wahrsager, Kristallkugeln, Medien, Channeler usw. Channeler schreiben ganze Bücher mit den Durchgaben ihrer „Geistlehrer" (und verdienen damit nicht schlecht).

Auch hier ist das Vorgehen durchaus logisch, denn solche Antworten aus dem Unsichtbaren können tatsächlich geschehen. Sie sprechen deutlich für die Realität dieser Geister - bis auf eine Kleinigkeit: ***Wer garantiert, dass bei den Jenseitsbotschaften die Wahrheit „durchgegeben" wird?*** Wer garantiert, dass die Meister und Geister, die sich da zu Wort melden, wirklich gut sind, wie sie es so bieder versichern? Die Langzeitwirkungen esoterisch-okkulter Kontakte sind keineswegs positiv, sondern durchweg negativ: Es kommt zu Depressionen, Zwängen, Gebundenheiten, Süchten, Angstneurosen, Alpträumen, Selbstmordgedanken usw. Das kann nicht aus einer guten Quelle stammen.

Ein inzwischen sehr unterschiedlich beurteiltes Glaubenssystem ist das des ***ISLAM.*** Der Islam ist wie das Juden- und Christentum eine monotheistische Religion, das heißt, man glaubt an nur einen einzigen Gott. Die Ursprünge des Islam gehen auf den Propheten Mohammed zurück, der unter rätselhaften Krämpfen Offenbarungen durch den Erzengel Gabriel empfing und danach Allah zum alleinigen Gott erklärte. Merkwürdig ist, dass er die Verehrung der Kaaba in Mekka beibehielt, in der schon Jahrhunderte vor Mohammed ein schwarzer Meteoritenstein Kultobjekt der arabischen Götter war. Die Kaaba wird noch heute von den Gläubigen geküsst.

Symbol des Islam auf den Moscheen: die Mondsichel

Da die Offenbarungen einer einzelnen Person nie prüfbar sind, gilt auch hier, dass man diese Offenbarungen nur glauben oder nicht glauben kann. Ein Beweis für die Richtigkeit dieses Glaubens lässt sich jedoch nicht erbringen. Mohammed sagte auch nie Ereignisse voraus, was eigentlich das Kennzeichen eines Propheten ist.

Auch im Islam gibt es ein menschlich ganz logisches Prinzip: nämlich durch heilige Kriege und Gewalt andere Völker zu unterwerfen und den Islam auszubreiten. So gebietet es ausdrücklich der Koran. Diese Eroberungsgebote des Koran wurden von Anfang an in die Tat umgesetzt und sorgten für eine schnelle Verbreitung des Islam im gesamten Orient. Bis heute werden diese Korangebote befolgt und führen zu Leid und Blutvergießen unter wehrlosen, unbeteiligten Menschen. Dies spricht klar gegen eine reine Quelle.

Das Paradies kann man sich m Islam durch das ***Einhalten bestimmter Vorschriften*** verdienen. Das sind die fünf Säulen des Islam: tägliche Proklamation Allahs, fünfmalige tägliche Gebetszeiten, Almosengeben, Fasten im Monat Ramadan und eine Pilgerfahrt nach Mekka. Wiederum ein ganz logisches Konzept. Trotzdem aber kann man sein Eingehen ins Paradies nie genau wissen, da Allah souverän ist und es sich auch anders überlegen kann.

Doch es kommt unserem logischen Denken entgegen, wenn wir durch unser Handeln und Tun, durch unsere Anstrengungen, Leistungen und Kämpfe für Allah uns Gunst bei diesem erwerben können. Auch im Islam können wir also selber aktiv werden. Wer im „heiligen Krieg" stirbt, hat sogar eine „Garantie" für das Paradies. Zur Belohnung werden ihm im Paradies 72 Jungfrauen (sogenannte „Huris") verheißen. (Ob allerdings Selbstmord-Attentäter „heilig" handeln, ist eine andere Frage. Und dass man für einen Mord belohnt wird, widerspricht jedem göttlichen Prinzip). Aber wieder sind wir selbst es, die wir uns auf den Weg der Gerechtigkeit bringen können. Das entspricht unseren menschlichen Vorstellungen von Eigeninitiative und unserer menschlichen Logik. Es wirkt daher „glaubwürdig".

Es bleiben noch die heute so beliebten ***Sonderlehren***, ***Sekten*** und ***privaten Offenbarungen***. Auch hier gibt es einen zwar logischen, aber blinden Glauben. Logisch ist, dass eine Führer- oder Gründergestalt sichtbar zutage tritt, deren Offenbarungen man folgen kann. Allerdings ist die Zahl solcher Gruppierungen so groß, dass sich - ebenfalls logisch - sofort die Frage aufdrängt: Warum sollte gerade mein System - Bhagwan, Scientology, Hare Krishna, Mormonen, Zeugen Jehovas, Anthroposophie, Mun, Transzendentale Meditation, Theosophie, Fiat Lux, Universelles Leben u.a.m. - der „Treffer" sein? Der Glaube an alle diese Lehren läuft letztlich auf Blinde-Kuh-Spielen hinaus. Er bietet keine

„Blinde Kuh“ als Lebensgrundlage?

Grundlage, um darauf sein Leben aufzubauen.

Was ist das Gemeinsame an all diesen verschiedenen Religionen und Glaubenssystemen? - Es findet sich überall das gleiche, nur leicht abgeänderte Prinzip: Eigenes Handeln, Werke, Hocharbeiten, Selbstreinigung, Selbsterlösung, Selbstverwirklichung, Erleuchtung usw. Durch eigene Bemühungen und Leistungen muss ich versuchen, das Paradies, den Himmel oder die höhere Sphäre zu erreichen. Das befriedigt unsere intellektuelle Vernunft und unsere Selbstbetätigung, denn wir können aktiv werden. Wir können uns selber „verbessern“ und uns aktiv „hocharbeiten“. Aber wir können nie wissen, ob das Glaubenssystem, an das man glaubt, der Realität entspricht. Es gibt keinerlei Hinweise für die Wahrheit eines dieser Glaubens- oder Denksysteme. Es gibt nirgends einen Realitätsnachweis.

Frage: Findet sich irgendwo ein Glaubenssystem, in dem ein Realitätsnachweis möglich ist? Ein System, in dem konkrete Fakten und Daten da sind, die man überprüfen kann? Denn nur dann könnten wir aus einem blinden Glauben herauskommen.

Ein solches System gibt es. Es ist - selbst für viele Christen sicher überraschend - der ***christliche Glaube***, gegründet auf dem „Buch Gottes“, der Bibel. Dort gibt es konkrete, prüfbare Fakten.

DIE BIBEL - DAS „WORT GOTTES“?

Die einzige Ausnahme, bei der in einem Glaubenssystem Aussagen vorhanden sind, die man einer wirklichen Prüfung unterziehen kann, stellt die Bibel dar. Die Bibel, das älteste Buch der Menschheit, ist das einzige religiöse Buch, das konkrete, prüfbare Daten enthält. Es sind ihre historischen, geografischen, naturwissenschaftlichen und vor allem prophetischen Aussagen. Diese Ausagen haben sich - entgegen weitverbreiteter Ansicht - bisher durchweg als korrekt und zuverlässig erwiesen. Das wird zwar von „liberalen“ Theologen immer wieder bestritten, aber von gläubigen Theologen bestätigt. Die Bibel ist keineswegs das "Märchen-, Mythen- und Legendenbuch", zu dem sie von der „liberalen, historisch-kritischen“ Theologie gemacht wird..

Was sagt die Bibel über sich selbst? Sie behauptet von sich, sie sei Gottes Wort, göttlich inspiriert, göttliche Wahrheit, geschrieben von Menschen, die vom Heiligen Geist geleitet wurden. Das sind starke Worte. Finden sich dahinter auch Tatsachen, Beweise? Dem müssen wir nachgehen. Gibt es die Möglichkeit, das zu prüfen?

Diese Möglichkeit gibt es tatsächlich, eben weil konkrete Daten da sind. So werden die historischen und geografischen Angaben der Bibel von der Archäologie weitgehend bestätigt. Die naturwissenschaftlichen Aussagen der Bibel, obwohl zum Teil über 3000 Jahre alt, sind durchweg korrekt. Dazu muss man anmerken, dass inzwischen Hunderte von „wissenschaftlichen Ergebnissen“, einst der Weisheit letzter Schluss, wieder in der Versenkung verschwunden sind. Sie waren nur vorübergehend „korrekt“. Anders die Aussagen der Bibel. So gibt es u.a. im Buch Hiob eine Aussage über das Schweben der Erde im luftleeren Raum (Hiob 26, 7). Das mutet durchaus aktuell an.

Das stärkste Argument für die göttliche Inspiration der Bibel sind jedoch die ***Voraussagen der biblischen Propheten*** über zukünftige Entwicklungen und Ereignisse. Diese Voraussagen reichen zum Teil bis in unsere Zeit. Das Bemerkenswerte ist, dass sie sich ***bisher immer fehlerlos erfüllt haben*** und offensichtlich weiter erfüllen. Eine solche göttliche Beglaubigung kann kein anderes Buch der Weltgeschichte aufweisen. Bei bisher über 3000 Bibelversen, die zu korrekt erfüllten Prophetien gehören, scheidet auch jeder Zufall bei weitem aus. Wahrsager und Astrologen haben Fehlerquoten von bis zu 100% - so von der GWUP („Gesellschaft zur wissenschaftlichen Untersuchung von Parawissenschaften“) langjährig in Bezug auf die Neujahrsvorhersagen festgestellt -, die Bibel null.

Auch für Skeptiker und Nichtgläubige beweist die ständige fehlerlose Erfüllung der biblischen Prophetien rein sachlich zumindest zweierlei:

1. ***Die Bibel muss mehr sein als ein nur menschliches Buch.***
2. ***Es muss eine übernatürliche Dimension geben.***

Auf der diesseitigen, rein materiellen Ebene sind solche Voraussagen samt Erfüllungen unmöglich. Es gibt auch nicht nur einen Propheten, sondern rund 40, die in ganz verschiedenen Jahrhunderten wirkten.

Da die Bibel ständig davon spricht, dass sie Gottes Wort ist, und die Propheten regelmäßig ihre Vorhersage mit der Einleitung beginnen. „So spricht der Herr“, lässt sich nur eine Schlussfolgerung ziehen: Hinter der Bibel muss tatsächlich derjenige stehen, von dem in diesem Buch ständig die Rede ist - eben GOTT. Nur er ist in der Lage, den Propheten übernatürliche Einsichten zu schenken und diese dann auch präzise nach Jahren, Jahrzehnten, Jahrhunderten und sogar Jahrtausenden (so bei der Rückführung Israels) in Erfüllung zu bringen.

Damit liegt hier ein ganz deutlicher Hinweis auf die Existenz Gottes vor, den man auch mit noch so gelehrsamen theologischen Verrenkungen nicht wegerklären kann. Dieser Hinweis ist um so zwingender, weil er erstens sachlicher, ***objektiver*** Art ist (er ist unabhängig von jeder persönlichen Erfahrung, d.h. jeder kann die Prophetien prüfen). Zweitens spielt er sich auf der ***übernatürlichen*** Ebene ab (wer kann schon Vorhersagen immer richtig in Erfüllung bringen? Auf der natürlichen, menschlichen Ebene niemand).

Mose sagte bereits vor 3500 Jahren das gesamte Schicksal Israels voraus, falls das Volk sich von Gott abwenden würde: Not, Verfolgung, ständige Bedrängnis und schließlich die Zerstreuung in die ganze Welt unter alle Völker. Alles traf genauso ein. Er sagte aber auch schon voraus, dass die Juden nach langer Zeit wieder „aus allen Völkern“ und „von den Enden der Erde“ in ihr ursprüngliches Land zurückgeführt würden. Auch dies ***erfüllte sich exakt*** nach fast 1900 Jahren der Zerstreuung, als schon längst niemand mehr damit rechnete. Doch es geschah tatsächlich und führte 1948 zur Neugründung des israelischen Staates. Angesichts solcher (und vieler anderer Voraussagen) in der Bibel drängt sich der Eindruck auf, als könne nichts und niemand die Erfüllung einer göttlichen Prophetie aufhalten.

Ebenso präzise haben sich zahlreiche weitere prophetische Worte über ***Personen, Städte, Länder und geschichtliche Abläufe*** im Nahen Osten erfüllt. Jerusalem und Sidon sollten zwar oftmals zerstört werden, aber nie endgültig. Von Babylon, Ninive, Tyrus und Samaria heißt es, dass sie zerstört und nie wieder aufgebaut werden. Es traf alles ein (das

Die Pracht Babylons: zerstört, nie wieder aufgebaut – erfüllte Prophetie

heutige Tyrus im Libanon liegt an anderer Stelle). Auch die entscheidenden Einzelheiten zum Leben und Sterben von ***Jesus Christus*** wurden schon 1000 Jahre vor seiner Geburt in den Psalmen vorhergesagt. Alle diese Aussagen haben sich präzise erfüllt. Dies ist um so bemerkenswerter, als auch der Stamm, die Sippe und die Familie, aus der der Messias kommen sollte, klar vorhergesagt wurden. Es kann also nie mehr ein weiterer „Messias" mit dem gleichen familiären Hintergrund auftreten.

Beim Propheten **Daniel** *(Kap 9, 26)* wird vorhergesagt, ***dass der Messias vor der Zerstörung Jerusalems kommen würde***. Die Zerstörung Jerusalems und Vertreibung der Juden in die ganze Welt geschah im Jahr 70 nach Chr. durch die Römer. Diese Prophetie wird von den jüdischen Theologen gern übersehen, weil diese bis heute das bereits gesche-

Jerusalem - oft zerstört, immer wieder aufgebaut - erfüllte Prophetie

hene Kommen des Messias nicht anerkennen. Im Judentum wird bis heute nur das Alte Testament und nicht auch das Neue Testament als Bibel anerkannt. Aber auch vor manchen Prophetien im Alten Testament macht man die Augen zu. So sagte der Prophet **Jesaja** im 53. Kapitel seines Buches das erste Kommen des Messias „in Schwachheit" und „Schmerzen" voraus. Auch dieses Kapitel wird von den Rabbinern regelmäßig ausgeblendet. Während sie so noch immer auf das erste Kommen ihres Messias warten, deutet heute alles darauf hin, dass wir wahrscheinlich schon nahe vor dem zweiten Kommen von Jesus stehen, das als „in Herrlichkeit" und „zum Gericht" vorhergesagt wurde *(Matthäus 16, 27)*.

Die durchgehend korrekte Erfüllung der biblischen Prophetien legt den Schluss nahe, dass auch die anderen, nichtprophetischen Aussagen der Bibel korrekt sein könnten. Was würde es bedeuten, wenn dies zutrifft? Müssen wir dann nicht von der Wahrheit und Zuverlässigkeit der gesamten Bibel ausgehen? Und was würde die Wahrheit der Bibel für das Christentum bedeuten? Würde sie bedeuten, dass auch das Christentum als solches wahr ist?

Theoretisch ja, aber leider oft nicht praktisch. Es trifft nur zu, wo Christen gemäß der Bibel leben. Das kann man aber nur, wenn man sein Leben mit Gott lebt. In eigener Regie schafft das niemand. Die Bibel sagt, dass wir erst zu Gott umkehren müssen, ehe wir mit ihm in Kontakt kommen. Solange das nicht geschehen ist, sind wir unfähig, gemäß den göttlichen Prinzipien zu leben. Dann ist auch nicht verwunderlich, dass wir von Gott wenig oder nichts merken.

Jesus sagte zu der christlichen Gemeinde in Sardes: „Du hast den Namen, dass du lebst, und bist tot" *(Offenbarung 3,1)*. Das könnte heute durchaus die Situation eines großen Teils der Christenheit beschreiben - einschließlich vieler Theologen, Pastoren, Pfarrer, Priester, Bischöfe.

Es gibt in Geschichte und Gegenwart der christlichen Kirche bis heute zahlreiche Beispiele von Unrecht, Fehlentwicklungen, Fehlentscheidungen und Irrlehren: Kreuzzüge, Hexen- und Ketzerverbrennungen, Homosexuellensegnung und -trauung, Knabenschändung, die „liberale, historisch-kritische Theologie" (bis zur „Gott-ist-tot-Theologie"), esoterische Praktiken usw.

Bevor wir aber nun in überlegener, abgeklärter Weise unser Urteil fällen, sollten wir uns fragen: ***„Wie sieht es mit meiner eigenen Vollkommenheit aus?“*** Das bringt uns schnell auf den Boden der Tatschen zurück. Es kann uns dann nur innig dankbar machen gegenüber einem Gott, der offensichtlich so extrem unlogisch ist, dass er uns trotz aller unserer eigenen Fehler, Fehlentscheidungen und Sünden doch weiterleben lässt. An dieser Stelle können wir für die unlogische göttliche Großzügigkeit und Geduld eigentlich nur dankbar sein.

Entscheidend wichtig ist immer, dass wir zwischen ***Kirche*** und ***Gott*** unterscheiden. Kirche und Gott sind nicht das Gleiche. Nur Gott ist unfehlbar. Die Kirche ist eine menschliche Institution und daher fehlbar. Viele schieben das Versagen der Kirche oder einzelner Christen Gott in die Schuhe. Das ist natürlich unzulässig. Die Wahrheit, Heiligkeit und Glaubwürdigkeit Gottes wird durch menschliches Versagen überhaupt nicht berührt. Wenn die Bauleute versagen, kann man das nicht dem Architekten in die Schuhe schieben. Dass wir Fehlentscheidungen treffen, schuldig werden, Unrecht tun, ist ja eine Binsenweisheit. Doch ist dies - auch wenn es in der Kirche geschieht - immer nur menschliches Versagen, menschlicher Übereifer, menschliche Anmaßung, aber nicht Gott. Was daraus entspringt, ist auch keinesfalls Gottes Wille.

Wenn also die Bibel tatsächlich wahr sein sollte und sie das „Wort Gottes“ (d.h. sein Buch) ist, würde das Christentum zum realen, lebendigen Gott hinführen - aber nicht im Gewand von „Religion“. ***Keine Religion führt zu Gott.*** Den einzigen Weg zu Gott (dem realen, lebendigen Gott) sieht die Bibel in einer Person, nämlich in ***Jesus Christus***. Jesus selbst sagte: "Ich bin der Weg, die Wahrheit und das Leben; niemand kommt zum Vater als durch mich" *(Johannes 14, 6)*. Diese Aussage schiebt also jeglicher bloßen Tradition - formale Akte, Kirchenzugehörigkeit, Bußübungen, Gebetsrituale usw. - einen Riegel vor. Nichts davon reicht als Weg zu Gott aus. Keine unserer eigenen Leistungen, Akte, Werke, Anstrengungen ist imstande, das zu schaffen.

Damit stehen wir wieder einmal, wie gehabt, vor der uns schon wohlvertrauten unflexiblen, unlogischen Eigensinnigkeit Gottes. Will Gott etwa alles selber tun? Sind wir nur die kleinen Statisten, die entweder nur ja oder nein sagen können? Bleibt für unsere Mitarbeit an unserer Erlösung gemäß unserer hohen Intelligenz überhaupt kein Raum? Ist es da ein Wunder, wenn das Christentum auf logisch und nüchtern denkende Menschen irrational und naiv wirkt?

Das erkannten auch viele hochgelehrte und weitblickende Theologen. Sie erkannten den unauslöschlichen Drang nach Eigeninitiative auch in der christlich-menschlichen Natur. Es entstanden zahlreiche Möglichkeiten, durch Werke, Gebete, Riten, Amtshandlungen usw. selber aktiv an seiner Erlösung mitzuwirken. Anstoß eregten natürlich auch die in der Bibel beschriebenen Wunder und Negativaussagen wie Hölle und Teufel. So wurde alles, was der menschlichen

Vernunft widerspricht, ins Reich der Mythen verwiesen.

Durch diese Bemühungen der „liberalen, modernen, historisch-kritischen Theologie“ geriet der schwierige christliche Glaube mit seinen zum Teil irrwitzigen Aussagen und Ansprüchen zu einer wunderbar logischen Angelegenheit. Der unlogische Gott und sein unlogisches Buch wurden in ein nettes, rationales Gewand gehüllt und für jedermann angenehm und annehmbar gemacht. Die Bibel wurde konsequent von allen übernatürlichen Auswüchsen gereinigt. Am Schluss blieb ein kleines, handliches Büchlein übrig, das dafür aber durch und durch rational und logisch ist.

Um es einmal provokativ zu formulieren: Mit diesem Bibelbändchen und Bibelverständnis leben heute die meisten Christen unbeschwert und zufrieden bis an ihr Ende. Offen ist, ob die Zufriedenheit auch darüber hinaus anhält. Diese Frage wird gewöhnlich ausgeblendet, so dass sie nicht weiter ins Gewicht fällt.

Die Bibel Originalversion

Die Bibel gereinigt

Ist es bei soviel menschlicher Logik und Korrektur nicht tröstlich zu wissen, dass der Gott der Bibel sich gegenüber Änderungs- und Korrekturbeschlussen bisher immer recht unflexibel und unbeeindruckt verhalten hat? Dass er aber andererseits sich immer wieder als ein ***Gott der Liebe*** offenbart? Als ein Gott, der jeden Menschen kennt und liebt - egal, ob wir ihn für logisch oder unlogisch halten. Ein Gott, der die Menschen aller Kulturen, Religionen, Länder, Rassen liebt. Der das gute, göttliche Ziel für jeden Menschen, das ewige Leben in seinem Reich, für alle offen hält.

Der Gott der Bibel macht sich auch bis heute erkennbar.

Allerdings tut er das oft erst dann, wenn jemand ernsthaft nach ihm fragt. Das haben schon Millionen Menschen in allen Kulturen und Religionen erlebt. Er antwortet auf Gebet, greift ein, heilt Ehen, Familien, oft auch Krankheiten, befreit von Lasten und Süchten, erneuert Leben und verwandelt hoffnungslose Situationen zum Guten. Und das alles trotz seiner undurchschaubaren, schwer fassbaren Unlogik. ***Aber eindeutig ist dies alles ein Zeichen für Lebendigkeit.*** Von einem toten Gott, einem Phantasiegott oder einer Fata Morgana ist so etwas nicht zu erwarten.

Ehe nun erneut alles in Theorie versinkt, folgen wieder einige Berichte, wie Gott sich Menschen in verschiedenen Situationen persönlich offenbart hat. Das hilft besser als jede Theologie, um zu zeigen, dass wir es tatsächlich mit einem lebendigen, liebenden und realen Gott zu tun haben, sei er so unlogisch, wie er will.

Göttliche Heilungen und Offenbarungen

David Hathaway, ein englischer Evangelist, landete in der Zeit des „Kalten Krieges" wegen „Bibelschmuggels" in einem tschechischen Gefängnis. Sein Urteil lautete auf mehrjährige Haft. Er war mit anderen Häftlingen in einer fensterlosen Zelle eingesperrt. Er war verzweifelt und betete oft. Nach einigen Monaten erhielt er im Gebet den Eindruck, ***dass Gott ihn im gleichen Jahr an seinem Geburtstag befreien würde.*** Die anderen Gefangenen lachten darüber.

Aber tatsächlich wurde er genau an seinem Geburtstag völlig überraschend freigelassen, weil Harold Wilson, der englische Premierminister, gerade Tschechien besuchte. Heute predigt Hathaway vor großen Menschenmengen in Russland und in der Ukraine. Immer wieder kommt es vor, dass Menschen während der Predigt oder auf Gebet hin geheilt werden. Es gibt zahlreiche Berichte, Fotos, Videos, dass Gelähmte ihre Krükken wegwerfen, Verkrüppelte ihre Glieder wieder gebrauchen können, Blinde sehend und unheilbar Kranke gesund. werden.

Hathaway schreibt: „Vor drei Jahren, als ich Lungenkrebs hatte, war mein Gebet um Heilung sehr einfach: ‚Herr, wenn du mit mir fertig bist, du mich nicht mehr brauchst, dann heile mich nicht. Wenn ich meine Arbeit getan habe, dann hole mich nach Hause. ***Aber wenn du mich immer noch brauchst und willst, dass ich evangelisiere, dann heile mich von diesem Krebs.*** ‘ Gottes Antwort kam rasch und deutlich - die Ärzte im Krankenhaus sagten: ‚Wir wissen nicht, was geschehen ist, Ihr Krebs ist verschwunden.‘“

Ein Bericht aus seinem Dienst in Russland: „***Anton*** aus Perm, 22 Jahre alt, ein abgefallener Christ, drogensüchtig, HIV positiv (Aids) und wegen der Auswirkungen seiner Aidskrankheit auf den Tod wartend. Das letzte, was die Ärzte hätten tun können, wäre der Beginn der Amputation des rechten Beines gewesen, welches infiziert war und einen lebensbedrohlichen Wundbrand aufwies. Die örtliche Gemeinde wies ihn ab mit der Begründung, Gott könne ihn wegen seiner Sünde nicht heilen. Ich betete für ihn im Krankenhaus - er wurde zunächst vom Wundbrand und dann auch von Aids geheilt. Zwölf Monate später ist er verheiratet und besucht eine Bibelschule, er ist errettet von der Hölle und bereitet sich auf den vollzeitlichen Dienst vor - mit zwei gesunden Beinen!“ *(www.propheticvision.org.uk).*

Der indische Junge **Sundar Singh** wollte schon früh den Hindu-Göttern dienen. Ein unstillbarer Hunger nach Wahrheit erfüllte ihn. Er suchte Antworten bei indischen Sadhus (Heiligen), aber sein Hunger wurde nicht gestillt. Die Christen hasste er. Als er in eine christliche Missionsschule eingeschult wird, zerreißt er ein Neues Testament und wirft es ins Feuer. Trotz dieser „guten Tat“ nimmt seine innere Unruhe weiter zu. Schließlich betet er in einer Nacht voller Unrast: ***„Gott, wenn es dich gibt, offenbare dich mir und***

beende den Unfrieden in meiner Seele. " Er ist entschlossen, wenn dieses Gebet ohne Antwort bleibt, sich in der gleichen Nacht vor den Zug zu werfen. Plötzlich ist sein Zimmer in helles Licht getaucht. In diesem Licht erkennt er Jesus Christus. Dieser fragt ihn: „Warum verfolgst du mich? Ich bin am Kreuz für dich und die ganze Welt gestorben." Unbeschreibliche Freude und Frieden senken sich auf Sundar. Als er sich in seiner Familie zu Jesus bekennt, wird er ausgestoßen. Aber Sundar weiß, was er erlebt hat und bleibt bei seinem neuen Glauben. Als "christlicher Sadhu" wird er später ein berühmter Prediger in Indien und Tibet *(Hans Steinacker, Gott, wenn es dich gibt, Brendow Verlag, Moers 1987).*

Viele Heilungsberichte werden angezweifelt, weil sie ärztlich nicht beglaubigt seien. Dagegen nimmt **Birgit Bergmann** aus Stuttgart Stellung: „Mein 15-jähriger Sohn ließ in der Teenagerbibelschule der BGG (Biblische Glaubensgemeinde) für sich beten, weil er vor vier Jahren zwei gebrochene Wirbel hatte. Nach einer guten Verheilung blieb eine Rückratverkrümmung von 19%. Drei Tage nach dem Gebet gingen wir zum Orthopäden und ließen den Rücken röntgen. ***Wir sind im Besitz dieser Röntgenbilder***, die davor und danach gemacht wurden, und gern bereit, sie Interessenten zu zeigen. Der Rücken ist jetzt gerade. Wenn die Heilung nach außen sichtbar gewesen wäre, weiß ich nicht, ob ich wegen einer Bestätigung zusätzlich zum Arzt gegangen wäre" *(Ztschr. Ideaspektrum 33/04, S. 5).* Die Biblische Glaubengemeinde in Stuttgart ist mit über 2000 Gottesdienstbesuchern eine der größten in Deutschland.

Siegfried Müller, der Sohn eines freikirchlichen Pastors in Karlsruhe, erhielt im Gebet die Vision, Gott ein großes Haus zu bauen. Jahrelang hielt er an dieser Vision fest, während er viele Gottesdienste in ganz Deutschland und der Schweiz durchführte. Immer wieder kam es dabei zu Heilungen durch Gebet. Tatsächlich entstand nach vielen Jahren des Glaubens und Gebets die ***„Christus-Kathedrale" in Karlsruhe*** mit über 2000 Sitzplätzen. In den Gottesdiensten und den zwei jährlichen Gebetsnächten geschehen nach wie vor Heilungen von allen möglichen Krankheiten. Auch viele Gebete für Befreiung vom Rauchen, für eine Arbeitsstelle oder gegen Kinderlosigkeit finden Erhörung. Gott heilt manchmal sogar beim Hören der Telefonpredigt oder beim Anschauen des Internet-Gottesdienstes. Inzwischen stehen auch Müllers Söhne Daniel und Thorsten mit im Dienst. Gott schenkt oft die ***„Gabe der Erkenntnis"*** zu bestimmten Krankheiten, die er gerade heilen will. Nachfolgend einige Heilungszeugnisse:

Gebetsnacht in der Christus-Kathedrale Karlsruhe
(aus „Weg zur Freude", Nr. 6/2007)

„Ich wurde beim Hören der Telefonandacht geheilt. Seit 1947 hatte ich, verursacht durch den Krieg, einen ***zerschlagenen Wirbel***. Schreckliche Schmerzen plagten mich. Als ich die Telefonandacht hörte, forderte Pastor Müller auf, die Hand auf die schmerzende Stelle zu legen, Jesus würde ebenfalls sein Hand drauflegen. Dies tat ich auch sofort. Er betete, und schon in der folgenden Nacht hatte ich keine Schmerzen mehr und sie sind seither auch nicht mehr wiedergekommen." **K. F.**, Nürnberg *(Ztschr. Der Weg zur Freude 4/09, S. 3).*

„In der Gebetsnacht sagte Pastor Daniel, dass jemand am Fuß eine Entzündung habe, die jetzt geheilt werde. Diese Person war ich. Im rechten Fußgelenk war eine Entzündung. ***Zwei Jahre lang hatte ich Beschwerden.*** Das Fußgelenk entzündete sich immer wieder. Nach der Gebetsnacht war die Geschwulst weg - und ist bis heute weg, wofür ich dem Herrn so dankbar bin." **M. M.**, Karlsruhe *(Ztschr. Der Weg zur Freude 10/09, S. 6).*

„Mein Mann hatte lange Zeit jeden Tag Nasenbluten. Während der Predigt haben Sie eine Pause gemacht und gesagt, dass hier jemand sei, dessen Nase blute. Das würde ab jetzt nicht mehr sein. Mein Mann sagte, ***dass genau in diesem Moment ein heißer Strom durch seinen Körper ging*** und eine Änderung eingetreten sei. Seit diesem Zeitpunkt hat die Nase nie mehr geblutet. Dank sei Jesus für dieses Gotteswunder." **M. P.**, Stadtoldendorf *(Ztschr. Der Weg zur Freude 4/09, S. 3).*

„Über 3 Jahre lang litt ich unter quälenden ***Rückenschmerzen***. Bei einem Gottesdienst in der Johanneskapelle sagte Siegfried Müller: ‚Hier ist jemand, der ganz heftige Rückenschmerzen hat - und die sind jetzt weg.' Sofort fühlte ich die Heilung, und seither habe ich keinerlei Rückenschmerzen mehr." **J. R.**, Ketsch *(Ztschr. Der Weg zur Freude 9/09, S. 5).*

Es gibt Hunderte solcher Heilungsberichte aus dem Missionswerk Karlsruhe - Heilung von Diabetes, Arthrose, Bandscheibenschäden bis hin zu Krebs, Depressionen und MS. Lassen sich solche Heilungen dem Zufall zuschreiben? Als Einbildungen abtun? Mit Suggestion erklären? Oder hat hier etwa doch jemand die Hand im Spiel, der sich einfach nicht in unsere Vernunftschubladen einordnen lässt, der ständig unsere denkmöglichen Grenzen sprengt und sich an keine logischen Vorgaben hält? Sie können sich selbst ein Bild machen, denn die Gottesdienste aus Karlsruhe werden auch im Internet übertragen *(www.missionswerk.de).*

Abdallah, ein marokkanischer Moslem, fand auf ungewöhnliche Weise zu Jesus. Abdallah tat viele gute Werke, um Allah näher zu kommen, aber er bemerkte nie eine Reaktion. Er betete immer dringlicher, dass Gott sich ihm offenbaren möge. Dann geschah Folgendes: „Im April 1991 betete ich in einer Moschee das Morgengebet. Da hörte ich eine Stimme in mir: ***‚Das ist nicht der richtige Weg!‘*** ... Beim nächsten Gebet sagte mir die Stimme das Gleiche. Es wiederholte sich bei den weiteren drei Tagesgebeten. Nicht nur an diesem Apriltag, sondern während des ganzen Monats - bei jedem Gebet! Ende April hörte ich auf zu beten. Doch was sollte ich tun, schließlich kannte ich nur den Islam.“

Irgendwann stieß Abdallah bei seiner Suche nach Gott auf eine Bibel (die in Marokko verboten ist). „Nun las ich von Jesus und spürte bald: Das ist der Weg! Immer wieder empfand ich das beim Lesen. Ihn wollte ich kennenlernen und ihm nachfolgen.“ Durch Briefe ins Ausland kommt er in Kontakt mit einem spanischen Missionar. Heute betreut Abdallah eine kleine christliche Gemeinde in seinem Heimatland, die sich aber nur heimlich treffen kann *(Informationsblatt Topic Nr. 12, 2003).*

Außergewöhnliche Wunder erleben Menschen vor allem dort, wo das Evangelium zum ersten Mal verkündet wird. Solche Begebenheiten berichten immer wieder Mitarbeiter des Missionswerks „Gospel for Asia“. Ein Missionar berichtete Folgendes aus dem indischen Bundesstaat Maharashtra: Er sagte einem alten Mann in einem Dorf: „Jesus ist der einzige wahre Gott. Er ist mächtig und kann retten.“ Der Mann hörte zu, glaubte aber nicht. In der folgenden Woche hütete er eine Herde Schafe am Waldrand. Plötzlich kamen ***zwei Tiger*** aus dem Wald direkt auf die Herde zu. Dem Mann überfiel große Angst, aber dann erin-

nerte er sich an die Worte des Missionars. Mutig sprach er zu den Tigern: „Jesus ist Gott! Geht zurück in den Wald im Namen Jesus!“ Wunderbarerweise hielten die Tiger an und trotteten in den Wald zurück. Später an diesem Tag töteten die Tiger zwei Menschen aus einem Nachbardorf. Aufgrund dieser Begebenheit suchte der alte Mann den Missionar auf, um mehr über Jesus zu erfahren. Er hörte mit seiner ganzen Familie zu, und alle nahmen Jesus als Herrn und Retter an *(Ztschr. Asien aktuell, Nr. 1/2007, S. 8).*

Immer wieder berichten Menschen in allen Kulturen, auch nichtchristlichen, ***dass ihnen bei ihrer Suche nach Gott Jesus erschienen ist*** - im Gebet, im Traum oder in einer Vision. Das geschieht heute besonders häufig in islamischen Ländern. Es ist, als ob ein Mensch - gleich mit welchem Hintergrund, in welcher Kultur und Religion - nur ernsthaft nach Gott suchen und fragen muss, damit Jesus sich offenbart. Viele Menschen in der ganzen Welt bestätigen, dass sie derartige ***Offenbarungen und Gotteserweise persönlich erfahren haben*** - nicht nur in Visionen und Träumen, sondern auch in konkreten, hörbaren Worten, durch Heilungen bei ausweglosen Krankheiten oder durch die Befreiung aus schweren Süchten, Abhängigkeiten und dämonischen Bindungen. Ist es da überraschend, dass jemand, der so etwas erlebt, anschließend von seinen Zweifeln an Gott befreit ist?

Es gibt allerdings auch Wunder, die zwar auf den ersten Blick wunderbar göttlich, fromm, heilig anmuten, aber bei genauerem Hinsehen starke Bedenken aufkommen lassen, aus welcher Quelle sie wohl stammen. Das Verführerische daran ist, dass es auch dabei übernatürliche Erscheinungen und sogar Heilungen gibt. Das ist jedoch keineswegs verwunderlich, denn selbstverständlich kann auch Satan - als „gefallener Engelsfürst“ - heilen. Er tut es ja ständig auch durch Schamanen, Beschwörer, Geistheiler, Reikilehrer,

Lichterscheinungen usw. Aber er fordert einen hohen Preis für die körperliche Heilung: die Bindung der Seele an ihn selbst. (So haben Menschen, die eine solche Heilung empfangen haben, oft einen starken Widerwillen gegen Gott und Jesus Christus.)

Eines machen allerdings auch dämonische Erscheinungen unmissverständlich klar: ***Es gibt eine übernatürliche Dimension.***

Damit ist jede Art von Materialismus, sei es wissenschaftlicher oder unwissenschaftlicher Art, sofort und grundsätzlich widerlegt. Es ist unmöglich, die Welt nur rein materiell, naturalistisch, diesseitig zu erklären. Auch wenn zunächst offen bleibt, ob eine Erscheinung aus einer göttlichen oder satanischen Quelle stammt, bleibt die unübersehbare Tatsache, dass es eine übernatürliche, jenseitige, unsichtbare Dimension gibt. Aus dieser Dimension sind Ereignisse, Eingriffe und Erscheinungen möglich, die wir mit all unserer wissenschaftlichen Logik und akademischen Gelehrsamkeit nicht erfassen können.

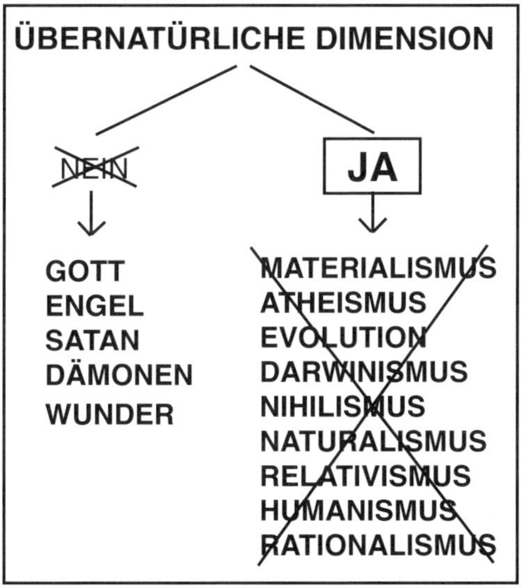

Wieso ist Gott unlogisch?

Bisher haben wir nur ganz wenig an der Oberfläche des christlichen Glaubens bzw. Gottes gekratzt und schon reichlich Unlogisches zutage gefördert. Falls es immer noch einige Optimisten geben sollte, die an einer Vereinbarkeit des Christentums mit anderen Glaubenssystemen (oder des biblischen Gottes mit anderen Göttern) festhalten möchten, so wird dies jetzt einem unerbittlichen Härtetest unterworfen. Wir schauen uns jetzt die Einzelheiten der biblischen Vorgaben an, und da können selbst einer extrem toleranten Person schnell die Haare zu Berge stehen.

Beginnen wir mit dem Gott der Bibel. Er wird beschrieben als ein Gott, der sich auf dreierlei Weise offenbart, als Vater, Sohn und Heiliger Geist. Ich bitte Sie - wo ist da auch nur die geringste Spur von Logik? Es geht aber noch weiter. Dieser Gott, der sich in dreierlei Persönlichkeiten offenbart, soll gleichzeitig eine Einheit sein, also ein einziger Gott. ***Dreierlei Offenbarungen in verschiedener Gestalt, die aber trotzdem nur ein Gott sind.*** Was mutet uns dieser Gott da zu? Weiß er nicht, dass wir durchaus sehr klar und logisch denken können und Phantasie und Wahrheit sehr wohl auseinanderhalten können? Musste es da ein solch phantastisches Gebilde sein? Von der unbestechlichen menschlichen Logik ist dieses Konzept jedenfalls meilenweit entfernt.

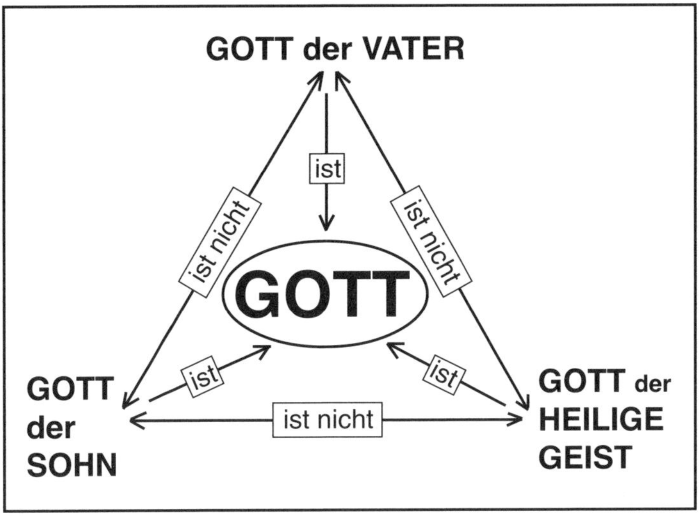

Natürlich hat es Versuche gegeben, die Dreieinheit zu erklären: Sie sei wie ***Wasser, Eis und Dampf*** - die gleiche Substanz in dreierlei Zustandsformen. Oder wie ***Sonne, Licht und Wärme***. Diese Erklärung hat der indische Sadhu Sundar Singh (von dem schon die Rede war) einmal in einer Vision erhalten. Die Sonne sei wie Gott der Vater, das Licht wie Gott der Sohn, die Wärme wie Gott der Heilige Geist - drei und doch eins. Aber warum musste Gott die Sache unbedingt so kompliziert machen? Das alles hätte doch auch viel einfacher sein können. Dann wäre es wenigstens logisch nachvollziehbar gewesen. Aber so?

Gott wird beschrieben als ein Gott der Liebe. Es heißt sogar: ***„Gott ist Liebe.“*** Gleichzeitig ist aber auch vom Zorn Gottes die Rede - er ist zornig über die Sünde. Er wird beschrieben als ein Gott „von großer Langmut und Geduld, bei dem viel Vergebung ist". Gleichzeitig ist er aber auch absolut gerecht. Er ist gnädig, barmherzig und von großer Güte - gleichzeitig aber auch heilig und Richter. ***Wie soll all das zusammenpassen?*** Liebe und Zorn, Vergebung und Gerechtigkeit, Gnade und Gericht? Auf der einen Seite ist er allmächtig, auf der anderen Seite lässt er viel Böses zu. Gerade dies ist ein so schwerwiegender Widerspruch, dass wir darauf noch ausführlich eingehen werden. Vorerst bleibt bei allem nur wieder der Eindruck von durchgehender Unlogik.

Gott wird ebenfalls beschrieben als der ***Schöpfer Himmels und der Erde*** - also des gesamten Universums. Gleichzeitig wissen wir heute mit größter wissenschaftlicher Präzision, dass alles durch eine zufällige Explosion aus dem Nichts („Urknall") enstand. Auch hier wieder ein totaler Widerspruch, auf den wir später ebenfalls näher eingehen werden. Gemäß Bibel wurden die Gestirne erst am vierten Tag erschaffen - aber es gab schon vorher Licht. Soll das etwa direkt von Gott gekommen sein?

Wunderbare Ordnung durch eine Explosion

Die Pflanzen gab es seit dem dritten Tag, die Tiere erst seit dem sechsten Tag. Damit verbaut Gott auch noch jede Möglichkeit, Schöpfung und Evolution unter einen Hut zu bringen, wie es wohlmeinende Theologen eifrig versuchen. Da gemäß Bibel vor Gott tausend Jahre wie ein Tag sind, haben sie die sechs Schöpfungstage einfach mit 1000 Jahren multipliziert. Dann hätten die Pflanzen mindestens 2000 Jahre ohne Bienen überleben müssen. Wie man es auch dreht und wendet, es gibt ständig unüberwindliche Hindernisse für eine saubere, logische, wissenschaftskonforme Lösung. Gott eckt nicht nur total in Bezug auf seine eigene Person an, sondern auch mit den Aussagen seines Buches. Kein Wunder, dass ihm kaum noch jemand intellektuell folgen mag.

Kommen wir zu Jesus Christus, seinem Sohn. Schon der Gedanke, dass Gott einen Sohn haben sollte, ist absurd. Dann soll dieser Sohn auch noch menschliche Gestalt annehmen und als Baby von einer ***Jungfrau*** geboren werden. Das ist der Gipfel der Unlogik, das ist einfach nur unsinnig. So etwas macht unser hochentwickelter menschlicher Verstand nicht mit. Mit Geburten, Frauen und Kinderkriegen kennen wir uns aus. Kein Wunder, dass auch viele Christen diesen Gedanken ablehnen. Das geht selbst manchen evangelischen Bischöfen zu weit - es ist einfach zu unlogisch.

Allerdings gerät man dann schnell in eine Zwickmühle: Wer war der Erzeuger von Jesus? Wenn es nicht der Heilige Geist war, wie die Bibel aussagt, bleibt nur Josef, der Verlobte Marias (oder gar ein anderer Mann?). Was aber unterscheidet dann Jesus, den Sohn von Josef und Maria, von Franz, den Sohn von Heinz und Ella Schmidt, oder von Günter, den Sohn von Karl und Gisela Müller? Nichts. Wer Jesus als Sohn von Josef anbetet, betreibt Götzendienst, denn er entzieht Jesus seine Gottlichkeit und betet einen Menschen an. So ganz logisch kommen wir mit unserer fortschrittlichen Auf-geklärtheit doch nicht über die Runden.

Doch weiter. Jesus kam in diese Welt, um uns zu erlösen ***Ein Einzelner soll für die Sünden der ganzen Welt - aller Menschen - gestorben sein.*** Was für eine Zumutung für unseren Intellekt! So dumm sind wir ja nun doch nicht. Vor allem aber nicht so schlecht. Haben wir es nötig, dass jemand für unsere paar kleinen Ausrutscher gleich sterben muss? Sind wir denn Müll, Schrott, Massenmörder, der Abschaum der Menschheit? Dieses ganze Konzept der Bibel mit Sünde, Kreuz, Opfer, Buße, Vergebung, Erlösung ist doch im Grun-

„Für einen gebildeten Menschen ist dieses blutrünstige Konzept doch unzumutbar!"

de primitiv, plump und unintellektuell. ***Gibt es etwas Unlogischeres, als dass sich ein Gott für seine Geschöpfe (und von diesen) kreuzigen lässt?*** Was ist das für ein absurder, widersinniger, abwegiger Gedanke! Ist es da ein Wunder, wenn sich gebildete, feinsinnige, geistig hochstehende Menschen von einer solchen Lehre abwenden?

Für Muslime ist es schon ein Unding, dass nur ein Prophet - als den sie Jesus ansehen - gekreuzigt werden könnte. Aber ein Gott, der Sohn Gottes?! Mit dem Kreuzestod ihres „Erlösers" verprellt die christliche Religion doch weitaus mehr Menschen, als sie damit gewinnt! Das ist so weit hergeholt, so blutrünstig und unansehnlich, dass sich einfach jedes normal logische Empfinden dagegen sträuben muss. Aber Gott mutet uns das zu. ***Kann das ein logisch denkender und handelnder Gott sein?*** Will es uns Gott extra schwer machen, an ihn zu glauben? Gab es da keine bessere, elegantere Lösung für dieses Problem?

Selbst der Kreuzestod ist noch nicht einmal alles. Hinzu kommt die ***Auferstehung*** von Jesus Christus, die offensichtlich körperlich gemeint ist. Wäre sie geistig gemeint, könnte man das ja noch akzeptieren. Aber physisch? Wir wissen alle, wer tot ist, ist tot und bleibt es auch. Wiederum nur Anstößiges und intellektuell Unannehmbares. Unser Glaube wird bis zum Äußersten strapaziert. Musste das unbedingt sein? ***Hätte Gott das nicht alles viel einleuchtender, geistig hochstehender machen können?*** Als Christ muss man sich ja genieren, wenn man mit gebildeten Leuten ins Gespräch kommt. Für Kreuzestod und Auferstehung ist „unlogisch" eigentlich ein viel zu schwacher Ausdruck.

Leeres Grab?!

Nur am Rande bemerkt: Eine solche verschrobene Lehre findet sich in keiner anderen Religion. Die anderen Systeme sind um Längen logischer und rationaler. Bedauerlich für das Christentum, aber so sind die Tatsachen. Für Muslime ist die göttliche Dreieinheit reine Gotteslästerung. Sie verstehen unter der christlichen Dreieinheit Gott, Jesus und Maria. Gott hätte also mit Maria ein Kind zeugen müssen. Das ist ein gotteslästerlicher Gedanke (übrigens auch für Christen). Allerdings steht das auch nicht in der Bibel, denn dort heißt es, dass der Heilige Geist Maria „überschattete“. Es war also eine Zeugung ohne körperlichen Kontakt. Aber wie das auch geschehen sein mag, es ist für weltkluge, rational denkende Personen ein fast unüberwindliches Hindernis. Und für Muslime (und andere Religionen) erst recht. Der Koran lehrt kurz und bündig: Gott hat keinen Sohn - fertig.

Doch noch immer ist dies nicht alles, denn Jesus tat ständig ***Wunder***. Er heilte die Kranken, trieb Dämonen aus, ging auf dem Wasser, verwandelte Wasser in Wein, vermehrte Brot, brachte einen Sturm zum Schweigen, weckte Tote auf - kurz, lauter Dinge, die dem normalen. Menschenverstand nicht zugänglich sind und als extrem unlogisch eingestuft werden müssen. Sagen Sie einmal einem Atheisten, da hat jemand Tote auferweckt, der lacht Sie aus.

Hinzu kommt der ***Selbstanspruch von Jesus***. Er bezeichnet sich selbst als „das Licht der Welt", „der gute Hirte", „die Tür zum Leben", „das Brot des Lebens", „der wahre Weinstock", „die Auferstehung und das Leben", „der Weg, die Wahrheit und das Leben" - letzteres sogar mit dem verstiegenen Anspruch: „Niemand kommt zum Vater als durch mich". Da müssen sich doch bei einem aufgeklärten, politisch korrekt denkenden Menschen einfach alle Eingeweide zusammenziehen. Aber Jesus meint das offensichtlich ernst - genauso, wie seine Aussage: „Ich und der Vater sind eins." So etwas ist doch heute nicht mehr vermittelbar.

„Ich bin das Licht der Welt" - das kann ja jeder sagen!

Fähige, historisch-kritisch bewanderte Theologen wie Bultmann, Käsemann, Lüdemann haben alle diese Ärgernisse klar erkannt und radikal aus der Bibel entfernt. Wir können nun Vertretern anderer Religionen und Nichtgläubigen ein wenig unbefangener in die Augen schauen. Bedauerlich nur, dass überhaupt soviel Unlogisches in die Bibel hineingelangen konnte.

Nun zum Heiligen Geist. Er ist die dritte Person der göttlichen Dreieinheit, aber nie sichtbar. Er wirkt jetzt auf der Erde, aber verborgen. Er lenkt und leitet Leute, gibt Gedanken, Impulse, Eindrücke ein, weckt Schuldeinsicht, lehrt, erinnert, setzt Begabungen frei - ***aber alles so unauffällig, verborgen***, unter der Oberfläche, dass man genauso gut von seiner Nichtexistenz ausgehen könnte. Wiederum wahrlich kein logisches Konzept.

Die ganze Bibel ist offensichtlich ein totales „Wunderbuch". ***Es scheint, als ob es darin ohne Wunder überhaupt nicht geht.*** Das fängt bereits bei der Schöpfung an - „Gott sprach ... und es ward"(???). Dann ist von den ersten Menschen die Rede, **Adam** und **Eva**, die als reale Personen mit einem bestimmten ***Lebensalter*** (als bereits Erwachsene) geschaffen werden. Lauter solche verstiegenen Aussagen, obwohl ja wissenschaftlich eindeutig erwiesen ist, dass es eine blinde, zufällige Evolution gab und wir von Affen abstammen. Gemäß Bibel wurden auch die Tiere und Pflanzen komplett fertig geschaffen, ohne Ursuppe, Urzelle usw. - wiederum eine wissenschaftliche Zumutung. Die Bäume trugen bereits Früchte, hatten also ein bestimmtes Alter; Sonne, Mond, Sterne waren bereits sichtbar, hatten also ebenfalls bereits ein bestimmtes Alter. Alles ist so durch und durch absurd und unwissenschaftlich. Es fällt nicht schwer zu entscheiden, welches Konzept logischer ist. Gott findet sich mal wieder auf der unlogischen Seite.

Ähnlich wie im Leben von Jesus gibt es auch im Alten Testament der Bibel zahlreiche Wunder. Gott lässt es 40 Tage und Nächte ununterbrochen regnen und tut „die Brunnen der großen Tiefe auf"(???), so dass die ganze Erde von einer ***Sintflut*** bedeckt wird, aus der nur **Noah** und mit seinen drei Söhnen samt Ehefrauen gerettet werden. Gott argumentiert mit **Abraham** über Sodom und Gomorra, bevor er diese Städte untergehen lässt. Gott spricht zu **Mose** aus einem brennenden Dornbusch, er legt zehn Plagen auf Ägypten, er teilt das Rote Meer, er lässt es zu, dass **Josef**, der junge, treue, gottesfürchtige Sohn Jakobs, nach Ägypten verkauft wird, er lässt es zu, dass dieser dort im Gefängnis landet, weil er aus Treue zu Gott keinen Ehebruch begehen will usw. Nicht nur die Wunder an und für sich sprengen unser festgefügtes, naturgesetzlich wohlgeordnetes Weltbild, sondern auch, wie Gott hier Josef seine Treue lohnt. Das Gleiche geschieht später auch mit **Hiob**, der aus Treue zu Gott vom Teufel mit Krankheit geschlagen werden darf, und mit dem tiefgläubigen **Stephanus** im Neuen Testament, der von den Juden gesteinigt wird.

Was ist das für ein Gott, der so unberechenbar, widersprüchlich, unlogisch mit seinen eigenen Leuten umgeht? Zwar ging es bei Josef und Hiob am Ende gut aus, und Stephanus sah bei seiner Steinigung „den Himmel offen", aber in der gleichen Situation wurde z.B. **Petrus** übernatürlich durch einen Engel aus dem Gefängnis befreit und damit vor der Hinrichtung gerettet. Einmal handelt Gott so, ein andermal genau entgegengesetzt, und zwar in der gleichen Situation. Das trägt nicht zu einem Vertrauen in eine göttliche Logik bei, im Gegenteil.

Viele der Richter, Seher und Propheten im Alten Testament taten unglaubliche Wunder, die einem logischen, nüchternen, wohlausgewogenem Glauben an die Bibel als Buch Gottes nicht sehr förderlich sind. Was wird uns da nicht alles zugemutet! **Simson**, der mit einem Eselskinnbacken tausend Philister erschlägt; **Elia**, der auf dem Berg Karmel nach dreijähriger Dürre um Regen bittet und Feuer vom Himmel auf seinen Opferaltar herabruft - was merkwürdigerweise beides von Gott gewährt wird; **Elisa**, der das gesamte aramäische Heer von Gott mit Blindheit schlagen lässt, so dass sie nicht mehr erkennen, wo sie sind usw. Das Alte Testament wimmelt förmlich von Ereignissen, die unserem modernen, aufgeklärten, wissenschaftlich geschulten Verstand nur ein Kopfschütteln abringen können. Das ist alles so durch und durch unlogisch, dass wir es als Märchen ansehen müssen. ***Gott also als Autor eines Märchenbuchs?***

Doch das Unglaublichste kommt noch. Gott, Jesus, die Bibel, die Jünger, die Apostel, praktisch alle Gläubigen der Urgemeinde glaubten an die Existenz **Satans**. Wohlgemerkt - sie glaubten nicht nur an Engel, an gute oder böse Mächte und Kräfte, sondern an die personifizierte Gestalt des Bösen, an Satan, den Teufel, den gefallenen Lichtengel Luzifer.

Da verschlägt es einem modernen Menschen erst einmal die Sprache. ***Ist das denn möglich, dass Gott - der Inbegriff der Weisheit - an die Existenz des Teufel glaubt?*** Dass es von Jesus ausdrücklich heißt: „Der Sohn Gottes ist dazu erschienen, dass er die Werke des Teufels zerstöre" *(1. Johannes 3, 8)*? Wie soll man das verstehen? Doch nicht etwa wörtlich? Und doch - alles deutet darauf hin, dass diese Aussage wörtlich gemeint ist. Dass Gott, Jesus, die Bibel von der realen Existenz Satans ausgehen.

Lieber Leser, nach all diesen Zumutungen und Extremaussagen kann wohl kein Zweifel mehr bestehen, dass der Gott der Bibel samt seinem Buch ein äußerst unlogischer, uneinsehbarer Gott ist, der sich in keinerlei vernünftigen, intellektuellen, wissenschaftlich klaren Rahmen fassen lässt. Er setzt sich dermaßen über alle überkommenen Regeln, Traditionen, wissenschaftlichen und theologische Erkenntnisse hinweg, dass tatsächlich nur der Schluss bleibt: Gott scheint zwar zu existieren, aber er gibt sich dermaßen unlogisch, dass er für uns rational nicht nachvollziehbar ist. Es scheint, als würde er unseren klaren, sauberen, logischen Menschenverstand einfach ignorieren.

Ob das seiner Sache wirklich dienlich ist? Es sieht so aus, als würde Gott es uns extra Hindernisse in den Weg stellen, ihn intellektuell zu begreifen. Warum hat er uns dann einen so überragenden Verstand gegeben?!

Kann man Gott beweisen? Alte und neue Gottesbeweise

Nachdem sich Gott dermaßen unlogisch präsentiert, ist es natürlich äußerst schwierig, ihn zu beweisen. Auch hier scheint es, als habe Gott es uns absichtlich schwer gemacht, ihn auf irgendeine rationale, intellektuelle, wissenschaftlich akzeptable Weise unwiderlegbar zu „beweisen".

Immer wieder stoßen wir auf diese seltame göttliche Unlogik, denn was wäre seinem Anliegen dienlicher, ***als der eindeutige, unbezweifelbare, endgültige Beweis, dass er existiert.*** Damit hätte er jeder Art von Atheismus, Agnostizismus („man kann nichts über Gott erkennen"), Irrlehre, Esoterik, Götzentum, falschen Religionen, falschen wissenschaftlichen Theorien ein für allemal einen Riegel vorgeschoben. Es stünde einfach fest, dass Gott existiert. Niemand hätte mehr Mühe mit dem Glauben an Gott, und vor allem könnte man auch mit all der göttlichen Unlogik viel entspannter umgehen.

Aber offenbar soll es so nicht sein. Warum, weiß Gott allein. Es ist anzunehmen, dass er sich etwas dabei gedacht hat, aber was, ist schwer zu erkennen. Wir können nur rätseln und versuchen, das Beste daraus zu machen.

Das Beste ist nach unserer Logik, dass wir trotz der immensen Schwierigkeiten doch versuchen, Gott zu beweisen. Solche Versuche wurden im Laufe der langen Geschichte des Christentums immer wieder gemacht, und wir wollen einige näher betrachten. Immerhin kommen etliche dieser Versuche einem endgültigen Beweis doch recht nahe.

Da ist zunächst der ***KOSMOLOGISCHE BEWEIS***: Es gibt ein Universum, das einen Anfang hatte und ein Ende hat, denn die verfügbare Energie im Universum nimmt immer mehr ab (die Sterne verglühen). Egal, ob der Anfang ein Urknall oder die Schöpfung war, es musste jemand da sein, der das Ganze in Gang gesetzt hat. Es gibt ja den bekannten physikalischen Lehrsatz: ***„Von nichts kommt nichts.“*** Derjenige, der alles gestartet hat, muss natürlich auch größer sein als das Universum. Dafür kommt nur Gott infrage.

Alle Sterne verglühen

Atheisten behaupten, es habe das Universum schon immer gegeben. Sie glauben an eine ewige Materie. Da das Universum aber eindeutig auf ein Ende zugeht, hat es auch einen Anfang gehabt, das ist logisch und sogar der wissenschaftliche Standpunkt. Der Glaube an eine ewige Materie läuft sich somit schnell tot. Da scheint der Glaube an einen ewigen Gott - trotz all dessen Unlogik - doch sinnvoller.

Ähnlich wie der kosmologische Gottesbeweis ist der ***KAUSALE BEWEIS***. Alles erfordert eine Ursache. Man kann jedoch die Reihe der Ursachen nicht unendlich fortsetzen, denn irgendwann muss man zu einer allerersten Ursache gelangen - das heißt, zu einem Verursacher. Dieser Verursacher der ersten Ursache wäre Gott.

Dann gibt es den ***TELEOLOGISCHEN GOTTESBEWEIS***. „Teleologisch" heißt zweckbestimmt, auf ein Ziel hin ausgerichtet. Alles im Universum ist dermaßen unübersehbar auf Ordnung, Zweckmäßigkeit, Planmäßigkeit und Zielstrebigkeit angelegt, dass es keine Mühe macht, von daher auf einen Planer zu schließen. Es gibt unglaublich präzise kosmische Feinabstimmungen, Naturkonstanten und Naturgesetze. Diese erfordern zu ihrer Existenz unbedingt einen Gesetzgeber, Planer, Konstrukteur. Das kann nur eine Instanz von höchster Intelligenz sein. Wer käme dafür anders in Betracht als Gott?

Blinder Schütze?

Gegen diesen Beweis laufen besonders die Evolutionswissenschaftler Sturm. Sie wollen alles rein materiell, diesseitig, durch den bedauerlicherweise blinden, aber weisen, hochintelligenten Zufall erklären. Das kollidiert natürlich stark mit der These „Gott". Es kollidiert sogar mit der menschlichen Logik, denn zu glauben, dass der Zufall ***präzise kosmische Naturkonstanten schafft, die bis in die 10. Stelle nach dem Komma exakt sein müssen***, damit nicht alles sofort in sich zusammenfällt, erfordert eine riesige Anstrengung. Auch bei diesem Beweis scheint der Glaube an Gott weitaus weniger anstrengend.

Im Grunde ist die ganze Natur ein Gottesbeweis: Intelligente, zielgerichtete, zweckvolle Planung, wohin man schaut. Die vielfältigen „Design-Signale" sind unübersehbar und für jedermann erkennbar. Sämtliche ***Instinkthandlungen*** in der Tierwelt werden nicht erlernt, sondern sind bereits in den Erbinformationen vorhanden. Das ist nur durch intelligente Programmierung denkbar. Atheistische Evolutionswissenschaftler können alles Mögliche tun, um diese Tatsache wegzuerkären, aber sie ist einfach da, bleibt da und ist für jeden unvoreingenommen denkenden Menschen ersichtlich (auch ohne wissenschaftliches Studium).

Ohne Blüten keine Bienen, ohne Bienen keine Blüten

Ein weiterer klassischer Gottesbeweis ist der ***MORALISCHE BEWEIS***. Alle Menschen in allen Kulturen und Rassen haben ein Empfinden für Recht und Unrecht. Mord, Lüge, Diebstahl, Betrug werden in allen Kulturen als schlecht und böse angesehen. Woher kommt dieses Gerechtigkeitsempfinden? Es steckt bereits in uns. Wir haben ein ***Gewissen***, einen Signalgeber, der sich meldet, wenn etwas bei uns moralisch oder rechtlich aus dem Ruder läuft. Man kann sein Gewissen zwar übergehen, ausschalten, abstumpfen, aber es ist da. Weil es nicht einfach so aus dem Nichts und per Zufall da sein kann, muss es eine Ursache haben, einen Gewissensgeber. Dieser Gewissensgeber muss höher sein als der Mensch, er muss der Inbegriff aller Moral und Ethik sein. Wiederum landen wir bei Gott.

Immanuel Kant, der berühmte deutsche Philosoph, wies nach, dass alle Gottesbeweise letztlich Gott nicht wirklich zweifelsfrei „beweisen" können. Es können nur Hinweise auf die Existenz Gottes sein (wenn auch recht deutliche). Kant stellte ein von einer göttlichen Instanz losgelöstes moralisches Gesetz auf, den ***„kategorischen Imperativ"***: „Handele so, dass die Maxime (Grundlage) deines Willens jederzeit zugleich als Prinzip einer allgemeinen Gesetzgebung gelten könnte." Ein solcher Appell an unsere Gutwilligkeit auf der rein menschlichen Ebene hat leider einen deutlichen Nachteil: Er bleibt immer unverbindlich. Es gäbe keine übergeordnete Instanz, die darüber wachen würde und vor der wir verantwortlich wären.

Da scheint, um unseres eigenen Schutzes und der Gerechtigkeit willen, das Vorhandensein einer göttlichen Instanz doch die bessere Lösung zu sein - insbesondere, da nur dann auch eine Gerechtigkeit über den Tod hinaus denkbar ist. Und die ist bei all dem Chaos und Unrecht in der Welt doch sehr wünschenswert. Auch hier ein klarer Punktesieg für Gott.

Der Kampf in unseren Gedanken und in unserem Gewissen

Ein weiterer klassischer Beweis ist der ***ONTOLOGISCHE GOTTESBEWEIS*** von **Anselm von Canterbury**: Da es zur Vorstellung von Gott gehört, dass man über ihm nichts Höheres mehr denken kann, kann er nicht nur ein Gedanke sein, sondern muss auch in Wirklichkeit existieren. Das ist ein hochphilosophisches Argument, das wohl auch nur für Philosphen leicht verständlich ist.

In diesem Zusammenhang wird immer wieder gern der Einwand benutzt: ***„Wer erschuf denn Gott?"*** Das ist besonders bei bekennenden Atheisten wie dem weltbekannten englischen Evolutionsbiologen **Richard Dawkins** ein beliebtes Argument. Es lässt sich allerdings nicht lange aufrechterhalten. Gott kann aus dem einfachen Grund nicht erschaffen sein, weil er der Schöpfer ist. Als solcher muss er logischerweise über seiner Schöpfung stehen. Er kann nicht

Teil der Schöpfung sein, weil er ja der Ursprung der Schöpfung ist. Er steht also außerhalb seiner Schöpfung und somit auch ***außerhalb von Raum und Zeit***.

Außerdem muss er auch von ***ewiger Existenz*** sein. Wäre er ein Teil der Schöpfung, wäre er nicht ewig, „ohne Anfang und Ende", „von Ewigkeit zu Ewigkeit", wie die Bibel ihn beschreibt. Er wäre ganz einfach nicht Gott. Um Gott zu sein, muss der Schöpfer logischerweise außerhalb und über seiner Schöpfung stehen und ewig sein. Es braucht also für den Schöpfer keinen weiteren Schöpfer, weil er der Ursprung alles Geschaffenen ist. Der Einwand wirkt zwar auf den ersten Blick sehr clever, ist es aber nicht.

Ein allgemeiner Gottesbeweis sind im Grunde auch ***Gebetserhörungen***. Sie geschehen, wenn man zu Jesus betet. Von einem Toten können selbstverständlich keine Gebetserhörungen kommen, aber von jemanden, der auferstanden ist, durchaus. Gebetserhörungen kann jeder Mensch erleben, der ernsthaft betet. Dass sie rein zufällig aus der

„Natur“ und „Materie“ kommen, ist wohl recht unwahrscheinlich. Es sieht doch deutlich so aus, dass solche „Zufälle“ hauptsächlich dann geschehen, wenn man betet. Wenn nicht gebetet wird, ist man vor solchen Zufällen fast 100%ig sicher. Allerdings wird nicht jedes Gebet erhört. Derart unlogisch ist Gott nun doch nicht. Denn das würde ihn zu einem reinen Automaten und Erfüllungsgehilfen unserer durchaus nicht immer selbstlosen und weisen Gebete machen. Da ist Gott ausnahmsweise doch einmal logisch und auch recht konsequent.

Ein sehr deutlicher Gottesbeweis sind natürlich auch die zahlreichen erfüllten ***Prophetien der Bibel***. Wie im Kapitel über die Bibel ausgeführt, sind sie nicht nur subjektiver Art (wie Gebetserhörungen), sondern objektiver Art (jeder kann sie prüfen). Außerdem sind sie übernatürlicher Art, denn Menschen können keine Vorhersagen in Existenz bringen.

Inzwischen gibt es weitere, neuere Gottesbeweise, die sich weniger auf der philosophischen als auf der wissenschaftliche Ebene bewegen. Der erste kommt aus der Intelligent-Design-Forschung und betrifft die ***„nicht reduzierbare Komplexität“*** in vielen Strukturen und Prozessen der Lebewesen.

Michael Behe, Biochemiker an der Lehigh Universität in Pennsylvania, fand heraus, dass es in jeder „einfachen“ Zelle hochspezialisierte Strukturen und Funktionen gibt, die die Zelle zu einer kompletten Fabrik im Kleinen machen. In diesen Strukturen sind alle Einzelteile dermaßen eng und fest miteinander verflochten, dass sie ein komplexes Ganzes bilden. Behe führte hierfür den Begriff ***„nicht reduzierbar komplex“*** ein. Das gesamte Gebilde funktioniert nur, wenn alle Teile ***gleichzeitig, von Anfang an und komplett*** vorhanden sind. Nimmt man ein Teil weg, zerbricht sofort die Struktur und die Funktion hört auf.

Daraus ergibt sich ganz leicht ein logischer Schluss, nämlich, dass sich ein derartiges Gebilde nie in kleinen Schritten nacheinander entwickeln kann. Es muss ***von Anfang an*** vollständig fertig und funktionsfähig vorhanden sein. Das schließt jede Zufallsentwicklung aus. Behe macht das an einer Mausefalle deutlich. Eine Mausefalle besteht aus fünf Teilen. Alle Teile müssen immer zugleich und vollständig vorhanden sein. Nimmt man nur ein einziges Teil weg, funktioniert die Falle nicht mehr *(Michael Behe, Darwins Blackbox, Resch Gräfelfing 2008).*

Ein derartiges Gebilde, egal ob Mausefalle oder Zelle, kann sich nicht entwickeln. Es ist nur funktionsfähig, wenn von Anfang an alle Teile da sind. Solche Strukturen erfordern immer eine intelligente Konstruktion - also auch einen Konstrukteur. Sie sind durchaus keine seltenen Einzelfälle, sondern auf sie stoßen Wissenschaftler in der Natur auf Schritt und Tritt. Der Evolutionsgedanke greift hier nicht. Es muss ein Planer, Konstrukteur dahinterstehen. Wir wissen natürlich schon, wer dieser Konstrukteur sein könnte. Wir nennen ihn Gott. Ein moderner Gottesbeweis? Es sieht durchaus danach aus.

Ein anderer moderner Gottesbeweis kommt aus den ***Naturgesetzen der Information***. Die Evolutionstheorie kennt nur zwei Größen - Materie und Energie. Allein aus toter Materie und Energie soll sich alles Leben entwickelt haben - mithilfe von Zufall, Selektion, Mutation und milliardenlangen Zeiträumen. Doch die alles entscheidende, ausschlaggebende Größe, ohne die sich überhaupt nichts entwickeln kann, auch nicht in Milliarden Jahren, fehlt. Es ist ***Information***. Ohne Information können Materie und Energie überhaupt nichts zustandebringen, am wenigsten Leben.

Das legte der Ingenieur und Systemanalytiker Professor **Werner Gitt** in den Informationsgesetzen deutlich dar *(Werner Gitt, Am Anfang war die Information, Hänssler 2002).* Er zeigte auf, dass am Anfang des Lebens immer Information stehen muss. Ohne Information kann Materie nur zu Energie und Energie nur zu Materie werden, oder sie bleiben, was sie sind. Die Entstehung von Leben allein durch Materie und Energie ist somit nicht möglich. ***Information ist eine nichtmaterielle Größe.*** Sie kann daher nie aus Materie kommen. Woher dann? Es muss jemand da sein, der die Information eingibt; jemand, der schreibt, codiert, programmiert usw. Das heißt, Information erfordert immer einen Informationsgeber. Dieser kann nur eine nichtmaterielle, geistige Instanz sein.

Die Schlussfolgerung daraus kann jeder leicht selbst ziehen. Wer könnte so ein nichtmaterieller, geistiger, noch dazu offensichtlich hochintelligenter Informationsgeber sein, der in der Lage ist, sogar Leben zu schaffen?

Allen diesen „Gottesbeweisen" bzw. Hinweisen ist gemeinsam, dass sie nur vorläufiger, indirekter Art sind. Sie legen nahe (oft sehr nahe), dass Gott existieren muss, aber sie können das nicht zwingend, unwiderlegbar, hieb- und stichfest beweisen. Irgendwie lässt sich Gott nie auf einen wissenschaftlich total abgesicherten Beweis seiner Existenz festnageln. Es bleibt immer eine Lücke, die nicht 100%ig beweiskräftig geschlossen werden kann.

Warum? Spielt Gott mit uns Katz und Maus? Will er sich tatsächlich nicht wissenschaftlich unwiderruflich festlegen lassen? Oder ist es einfach wieder diese undurchschaubare göttliche Unlogik? Gott geht einfach nicht auf unsere wohlbegründeten, durchaus vernünftigen menschlichen Bedürfnisse ein. Er gefällt sich offensichtlich darin, einfach unlogisch und souverän zu sein. Wohl oder übel mussen wir uns damit zufriedengeben. An irgendeiner Stelle werden wir daher immer wieder auf das wissenschaftlich völlig unzureichende ***Glaubenskonzept*** zurückgeworfen. Im Grunde zwingt uns Gott damit, dass wir immer wieder auch auf die Offenbarungen der altertümlichen, nicht besonders logischen Bibel zurückgreifen müssen.

Was bezweckt er damit? Will er uns damit Hindernisse für unseren allwissenden Verstand in den Weg legen? Will er uns einfach deutlich machen, dass er zu groß ist, um ihn zu erfassen? Schiebt er unserer hohen geistigen Kompetenz einen Riegel vor, um uns von seiner Offenbarung abhängig zu halten? Zuzutrauen wäre es ihm, unlogisch, wie er ist, durchaus.

Man könnte höchstens ein Gutes aus diesem ständigen Versteckspiel ableiten: Für Leute, die sich einfach mit der Existenz ***irgendeines*** Gottes - sei es Gott, Krishna, Manitu, Zeus, Allah, Jupiter, Wotan, eines höheren Wesens usw. -

zufriedengeben, wäre eine Gewissheit über dessen Existenz nie erreichbar. Um Gewissheit zu erhalten, müssten sie den Weg über Jesus Christus gehen. Sie müssten die Bibel lesen und Gott durch Jesus Christus ***real kennenlernen und persönlich erleben***. Dies ist die einzige Möglichkeit, um wirklich Gewissheit darüber zu erlangen, dass ich es mit dem realen, allmächtigen, guten Schöpfer des Universums zu tun habe und nicht mit undurchsichtigen Mächten, die entweder Einbildung oder dämonischen Ursprungs sind.

Ist es das, was Gott beabsichtigt? Möchte er eine persönliche, erfahrbare Beziehung mit seinen Geschöpfen erreichen? Ist es ihm nicht genug, wenn wir nur einen theoretischen „festen Glauben" an einen unbestimmten „Gott" haben? Will er mehr? Will er, dass wir tatsächlich genau wissen, ***welcher Gott*** das ist - dass wir es mit ihm zu tun haben?

Es gibt aber auch noch einen anderen, sehr ernsten Grund. Eine persönliche Beziehung zu Gott kann in manchen Situationen äußerst wichtig und hilfreich sein. Es gibt ja Dinge in der Welt, die ständig massive Fragen an Gott in uns auslosen: Unglücke, Katastrophen, Kriege, Hunger, Schmerzen, Krankheit usw. Wie ist all dies mit der Existenz eines guten Gottes vereinbar? Müssen da nicht immer wieder riesige Zweifel aufkommen? ***Kann man solche Zweifel allein mit einem theoretischen Glauben bewältigen?*** Oder braucht man dazu nicht wirklich eine persönliche Bezehung zu seinem Schöpfer?

Das soll im nächsten Kapitel erörtert werden. Es geht um die Frage nach dem Leid und dem Bösen.

Gott, das Leid und das Böse

Ob wir wollen oder nicht, es scheint, dass wir mit einem nicht verstehbaren, nicht fassbaren, unlogischen Gott leben müssen. Wie steht er dem Leid und dem Bösen gegenüber? Fällt letztlich das Leid und Böse in der Welt auf ihn zurück? Das ist eine harte Frage.

Lässt er diese Dinge zu? Ist er damit einfach überfordert? Oder kümmert er sich gar nicht darum? Leid und Böses sind bittere Wirklichkeit. Wenn genauso auch ein lebendiger, erfahrbarer Gott Wirklichkeit ist - wie passt das zusammen? ***Auf der einen Seite ein Gott, der uns liebt,*** der das Gute will, der allmächtig ist, dem nichts unmöglich ist - und ***auf der anderen Seite das Leid und das Böse?***

Diese Frage trifft den Nerv eines jeden Glaubens an einen guten Gott. Aus diesem Widerspruch erwächst auch das wichtigste und ***schwerwiegendste Argument***, das gegen die

Existenz Gottes erhoben wird. Entweder will Gott das Leid verhindern, aber er ***kann*** es nicht - dann ist er nicht allmächtig. Oder aber er kann das Leid verhindern, aber er ***tut*** es nicht - dann ist das kein guter, liebender Gott. In beiden Fällen wäre das kein Gott, zu dem man aufschauen müsste. Er hätte keinen besonderen Respekt verdient. Er würde sich damit im Grunde selbst unglaubwürdig machen. Denn ein Gott, der nicht helfen kann oder will, ist nur das Zerrbild eines Gottes.

GOTT = GUT
KANN LEID NICHT VERHINDERN
→ NICHT ALLMÄCHTIG

GOTT = ALLMÄCHTIG
VERHINDERT LEID NICHT
→ NICHT GUT

LEID VORHANDEN
→ KEIN GUTER, ALLMÄCHTIGER GOTT
→ KEIN GOTT

Diese Frage - auch als ***Theodizee-Frage*** bezeichnet - ist entscheidend wichtig für ein ungebrochenes Verhältnis zu Gott. Sie ist nichts anderes als eine Art ***Vertrauensfrage***. Kann ich einem Gott, der nicht helfen will oder kann, überhaupt vertrauen? Logik hin, Logik her, aber hier geht es um mehr als Theorie und Theologie. Es geht um das Zentrum des christlichen Glaubens, das absolute Vertrauen in den liebenden Gott, als der er sich in Jesus und in der Bibel geoffenbart hat.

Wie wir bereits in den Kapiteln über persönliche Erfahrungen gesehen haben, erweist Gott seine Realität ganz deutlich. Ganz offensichtlich existiert er - trotz aller seiner für unseren Menschenverstand nicht nachvollziehbaren Handlungen und Entscheidungen. Aber hier geht es um mehr. ***Es geht um seine Glaubwürdigkeit als Gott.*** Wir stehen vor einem wirklichen Dilemma: Gott ist offenkundig real, und er zeigt sich uns in Jesus als ein Gott, der uns liebt und Gutes tun möchte. Aber er lässt das Leid und Böse zu. Kann man das überhaupt miteinander vereinbaren?

Es sind tiefe und oft quälende Fragen, die wir da an Gott richten. Warum muss eine blutjunge Frau und Mutter an Krebs sterben? Warum wird ein kleines Kind behindert geboren? Warum muss ein liebenswerter Mann und Vater ohne eigene Schuld tödlich verunglücken? Warum gibt es große Unglücke, Katastrophen, Erdbeben, Überschwemmungen, bei denen oft Tausende von Menschen umkommen? Und immer wieder die bohrende Frage: Warum hat es gerade meine Familie, meine Tochter, meinen Vater, meine Frau, mich getroffen? Bei diesen Fragen wird unser Glaube an einen guten Gott oft bis in die Grundfesten erschüttert.

Müssen wir für immer mit diesen schmerzhaften, offenen Fragen leben? Ist Ungewissheit für immer die letzte Antwort? Gibt es keine andere Antwort, keinen Trost, keine Hoffnung? Viele Menschen verzweifeln an diesen Fragen. Im Einzelfall sind sie auch nie völlig beantwortbar. Aber es gibt zumindest angedeutete Antworten darauf. Diese Antworten gibt Gott selbst in seinem Buch, der Bibel. Die Bibel hilft uns zu verstehen, warum wir trotz allem Leid an einen guten und sogar mitleidenden Gott glauben können. Sie zeigt uns, warum wir selbst in schwerstem Leid noch Hoffnung und Glauben bewahren können.

Die Bibel hilft uns, das ganze Bild zu sehen. Sie öffnet uns den Blick für das, ***was über unser Leben und über den Tod hinausreicht.*** Das gibt uns Zuversicht und Trost. Sie deckt aber auch auf, warum es in dieser Welt sinnloses, willkürliches Leid gibt. Das bewahrt unser Vertrauen auf Gott. Sie deckt die Wurzel hinter allem Leid, aller Ungerechtigkeit und allem Bösen auf. Sie zeigt, dass nur ganz wenige

Fragen wirklich an Gott gerichtet werden können - die meisten fallen zurück auf uns Menschen. Zu diesen Fragen gehören solche wie: Warum lässt Gott Krieg und Gewalt zu? - Warum lässt Gott Not und Hunger zu? - Warum lässt Gott es zu, dass ein Mensch einen anderen ermordet? - dass Eltern ihr Kind misshandeln? - dass ein Mann seine Frau betrügt? - dass wir stehlen oder lügen? - dass wir selbst Leid verursachen?

Es ist schnell zu erkennen, dass die Antworten auf diese Fragen uns selbst immer näher kommen. Zuletzt sind wir irgendwann selbst diejenigen, an die sich eine Frage richtet. Dann ist nicht mehr Gott gefragt, sondern wir selbst. Nicht Gott, sondern wir Menschen sind die Ursache für das meiste Leid und Unrecht in der Welt. Das meiste Leid fügen wir uns gegenseitig zu. Es sind ***Menschen***, die Kriege beginnen. Menschen töten, quälen, foltern und betrügen. Es sind wir Menschen, die egoistisch, habgierig, grausam oder un-

treu sind! Oft zerstören wir uns durch Drogen, Alkohol, Hass oder Perversionen sogar selbst. Warum? Warum lässt Gott es zu, dass wir so etwas tun?

Nichts davon ist Gottes Wille! Wenn es jemanden gibt, den diese Dinge schmerzen, dann ist es Gott. Er möchte weder, dass wir andere verletzen, noch dass andere uns Schaden zufügen. Dafür hat er uns ein Gewissen, Mitgefühl, Liebe und ein Gerechtigkeitsempfinden gegeben. Dafür sind schließlich auch seine Zehn Gebote, die uns klar aufzeigen, ***was Gott will - nämlich das Gute - und was er nicht will - nämlich das Böse.*** Warum geschieht dann aber doch soviel Böses in der Welt - durch Völker, Gruppen, Terroristen, Kriminelle, Jugendbanden, Betrüger, Einzeltäter, Autofahrer, wohlangesehene Bürger - und manchmal durch uns selbst?

Die Antwort mutet paradox an: Sie ist begründet in der Liebe Gottes zu uns, seinen Geschöpfen. Weil er uns bedingungslos liebt, hat er uns einen ***freien Willen*** gegeben. Diese unsere Freiheit respektiert er total und durchgehend. Gott zwingt sich nicht auf. Wir können uns für oder gegen seinen Willen entscheiden; für das Gute oder Böse - sogar für oder gegen Gott selbst! Aber genau in diesem unfassbaren Freiheitsraum, den Gott uns zugebilligt hat, liegt auch unsere Verantwortung. Die Bibel sagt, dass wir geschaffen sind "im Ebenbild Gottes". Das heißt, wir müssen weder wie Tiere unseren Instinkten folgen, noch sind wir Roboter oder Marionetten, die auf den Knopfdruck oder Fadenzug einer höheren Instanz funktionieren. Wir sind freie Geschöpfe, die selbst entscheiden können, ob sie ihr Leben zum Guten oder zum Bösen verwenden wollen, und ob sie mit oder ohne Gott leben wollen.

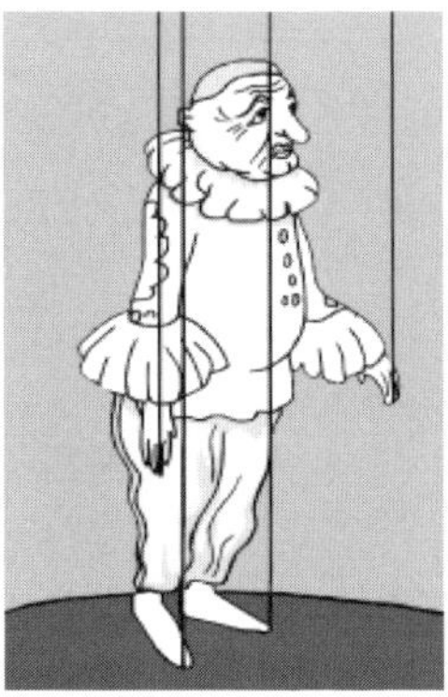

Wir sind frei von Fäden

Gott möchte, dass wir seine Liebe ***freiwillig*** erwidern. Liebe erfordert absolute Freiwilligkeit. Darum hat er uns mit einer so unbegrenzten Freiheit geschaffen, dass wir uns sogar gegen ihn entscheiden können. Diese Welt ist zum großen Teil deshalb so kaputt, weil wir das auch ständig tun. Wir lieben unsere Unabhängigkeit. Niemand lässt sich gern dreinreden, auch nicht von Gott. Wir lieben es, selbst zu bestimmen. Die Folgen sind Egoismus und damit unabsehbares Leid für andere. Das meiste Leid in der Welt geschieht deshalb, weil wir uns entscheiden, ***unseren eigenen Vorteil zu suchen*** und dabei den Nachteil anderer Menschen in Kauf nehmen. Wir tun Unrecht und verursachen dadurch Leid.

Mit dieser Antwort ist die Frage nach dem Leid allerdings nur zur Hälfte beantwortet. Sie betrifft nur Leid, das Menschen verursachen - weil Gott sich selbst begrenzt hat, um uns völlige Freiheit zu geben. Es bleibt aber die Frage nach dem Leid durch ***Katastrophen, Naturereignisse, Schicksalsschläge***, die oft völlig unvorhergesehen über uns hereinbrechen. Im Allgemeinen (auch hierbei gibt es Ausnahmen) sind Menschen dabei als Verursacher nicht beteiligt.

Solche Unglücke, Krankheiten, Katastrophen “aus heiterem Himmel” verursachen oft riesiges Leid. Nicht nur, dass Menschen dafür nicht verantwortlich sind, es gibt auch keine menschlich-logischen Erklärungen dafür. Dazu gehört das kleine Mädchen, das behindert geboren wird, die junge Frau, die an Krebs stirbt, oder die unzähligen Opfer eines Wirbelsturmes, eines Erdbebens, einer Überschwemmung. Warum lässt Gott das zu? Hat er keine Macht, das zu verhindern? Kann oder will er das nicht? Finden sich auch zu diesen Fragen Hinweise in der Bibel?

Ja. Die Bibel gibt dazu Aussagen, die allerdings mit Vorliebe gern ausgeblendet werden. Sie würden nämlich erfordern, dass man der Bibel und ihren Aussagen einen gewissen Stellenwert einräumt. Das kann man von Atheisten nicht verlangen. Von Theologen schon eher - aber gerade sie sind es oft, die die Bibel mit ihrer anstudierten, hochgelehrten Theologie dermaßen zerpflücken und auseinandernehmen, dass kaum etwas von ihr übrig bleibt. Gerade auf „moderne, liberale" Theologen scheint die göttliche Unlogik oft wie ein rotes Tuch zu wirken, gegen das sie mit all ihrer unübertrefflichen menschlichen Vernunft anrennen..

Zu Katastrophen und Schicksalschlägen sagt die Bibel Folgendes: ***Diese Welt ist nicht mehr so, wie Gott sie ursprünglich geschaffen hat.*** In der ursprünglich von Gott geschaffenen Schöpfung gab es kein Leid, keinen Tod und kein Böses. Das Böse ist die Folge einer zweifachen Rebellion gegen Gott. Einmal in der Engelwelt, als sich der Lichtengel Luzifer gegen Gott auflehnte und zum Satan wurde und mit einem Drittel der Engel aus der Herrlichkeit Gottes ausge-

Vertreibung aus Eden. Der Mensch selbst zerstörte die Harmonie der ursprünglichen Schöpfung, wie Gott sie geschaffen hatte. Wir leben seither in einer kaputten, gefallenen Welt, zu der auch das Böse gehört.

stoßen wurde. Zum anderen in der irdischen Welt, als das erste Menschenpaar das einzige Gebot brach, das Gott ihm gegeben hatte, nämlich nicht vom Baum der Erkenntnis des Guten und des Bösen zu essen, und aus dem Garten Eden vertrieben wurde.

Mit diesem Vertrauensbruch machte sich der Mensch von Gott unabhängig und.stellte sich außerhalb des Willens Gottes. Er löste damit eine ***Kettenreaktion der Sünde*** aus. Er verlor den Schutz Gottes und geriet unter den Einfluss- und Machtbereich Satans. Alle Menschen, die seither geboren werden, werden von Anfang an in eine "gefallene", unheile, kaputte Welt hineingeboren, in der auch das Böse existiert. Dieses "Böse" durchzieht seitdem alle Bereiche und Prozesse unseres Lebens und wirkt direkt und indirekt zerstörerisch. Der Mensch leidet also an den Folgen dessen, dass er seine Unabhängigkeit höher stellte als die Gemeinschaft mit Gott (und das überwiegend bis heute tut).

Es ist wichtig zu erkennen, dass nicht Gott das Böse geschaffen hat, sondern dass es die Folge der freien Entscheidung war, sich von Gott unabhängig zu machen. Der Mensch gebrauchte seine von Gott gegebene Freiheit dazu, sich von Gott zu trennen - und sich damit für das Böse zu entscheiden. Eines der häufigsten Argumente gegen Gott ist, dass dieser ja auch das Böse geschaffen habe. Wie könne er dann ein guter Gott sein? Doch die Bibel (die wir ja in überlegener Weise ausblenden) entzieht diesem weitverbreiteten Argument vollständig den Boden.

Jeder Mensch empfängt nicht nur Leid, sondern verursacht es auch. Gott "lässt es zu", dass wir selbst uns viele Male in unserem Leben gegen seinen Willen entscheiden. ***Er lässt uns tun, was wir wollen.*** In der Bibel heißt es: Wenn wir die Wahrheit ablehnen, "gibt uns Gott dahin", das heißt, er überlässt uns unseren Begierden und Bestrebungen *(Rö-*

merbrief 1, 24). Das ist bereits eine Form seines Gerichts. Für Gott ist jede Entscheidung für das Böse, auch in "Kleinigkeiten", Sünde. Sünde bedeutet immer: gegen den Willen Gottes und trennt von Gott.

Leichtsinn, Übermut, überhöhte Geschwindigkeit: Wir selbst verursachen Leid.

Wir leben in einer kaputten, bösen, entarteten Welt, voller Mord, Totschlag, Terror und Krieg. Die Bibel spricht von einer unheilen, „gefallenen" Welt und sieht uns selbst als unheile, „gefallene" Geschöpfe an. Die Folgen des ***„Sündenfalls"*** des ersten Menschenpaares kamen über die ganze Schöpfung. Auch das ist für unseren hochgeistigen, vernunftgeprägten Menschenverstand eine totale Zumutung. Doch wenn die Bibel tatsächlich Gottes Wort und Offenbarung an uns Menschen ist, müssen wir von der Wahrheit (Realität) dieser Aussage ausgehen.

Es ist ja tatsächlich nicht zu leugnen, dass wir in einer kaputten, chaotischen, brutalen Welt leben. Unglücke, Katastrophen, Krankheiten brechen oft ungezielt und unvorhersehbar herein. Die Aussage der Bibel entspricht somit völlig der Realität, die wir täglich in der Zeitung, im Fernsehen oder im eigenen Leben erfahren. Die Sicht der Bibel ist eindeutig „realistisch" - auch wenn wir dieses Buch noch so oft zum Märchen- und Mythenbuch erklären und ihr noch soviel Unlogik unterstellen. Ihre Definition unserer Welt als „gefallen" ist ausgesprochen realitätsnah. Das spricht für ihre Wahrhaftigkeit (und für die Realität des Gottes, den sie verkündet).

Noch ein Punkt wird von der Bibel angesprochen. Unser logischer Menschenverstand zieht manchmal ***gewagte Schlüsse von einem Unglück zu einer möglichen Schuld (Sünde) des Betroffenen.*** Diesen Zusammenhang weist Jesus ausdrücklich zurück. Als 18 Menschen durch den Turm von Siloah erschlagen wurden, stellte er fest, dass diese Personen keinesfalls schuldiger waren als alle anderen *(Lukas 13, 4).* Es ist in einer Unglückslage sehr wichtig, dies zu wissen.

In Situationen, in denen wir Leid oder Unrecht erleben, bleibt oft nur ein einziger wirklicher Trost: der Blick auf das Kreuz. Jesus Christus erlitt dort schlimmste Schmerzen und bitterstes Unrecht, um uns den Himmel aufzuschließen. Er identifizierte sich mit allem menschlichen Leid, das uns befallen kann. Gleichzeitig lenkte er in seinem Sterben unseren Blick auf das Einzige, was wirklichen Trost vermitteln kann: ***die Ewigkeit***. Nur weil wir wissen dürfen, dass Gott existiert, dass es ein „ewiges Leben" gibt, eine ewige Gerechtigkeit, und dass wir mit Jesus freien Zutritt in diese ewige Herrlichkeit Gottes haben werden, können wir Trost empfangen.

Das ist kein billiges Vertrösten auf das Jenseits, sondern die wohlbegründete Perspektive einer realen Ewigkeit.

Gott und die Moderne

Lieber Leser, jetzt kommen wir zu einem äußerst zweischneidigen Thema, mit dem Sie möglicherweise einige Schwierigkeiten haben werden. Es geht um die Flexibilität und Anpassungsbereitschaft Gottes in Bezug auf unseren modernen Lebensstil. Leider scheint alles darauf hinzudeuten, dass Gott sich auch in punkto Flexibilität bis heute als sehr unlogisch erweist.

Wenn es nach Gott ginge, gälten heute noch seine ***10 Gebote***. Sie wissen doch: Keine anderen Götter haben, Vater und Mutter ehren, nicht lügen, betrügen, stehlen, morden, ehebrechen, nicht begehren, was anderen gehört. Wären wir dann nicht in unserer Persönlichkeitsentfaltung radikal eingeschränkt? Gutmeinende, gläubige Personen führen gern an, dass es dann auch den anderen verboten wäre, uns zu belügen, zu betrügen, zu bestehlen, uns zu ermorden, in unsere Ehe einzubrechen, unser Hab und Gut zu begehren usw. Aber können diese kleinen Vorteile die weitgehende Einengung unserer persönlichen Freiheit aufwiegen?

Man male sich die Konsequenzen einmal vor Augen. Es wäre ein massiver ***Angriff auf unseren modernen Lebensstil***. Viele der Errungenschaften der letzten 100 Jahre, unser schwer erkämpfter Weg aus der Unmündigkeit, unsere freiheitliche Lebensauffassung, unsere gesamte Emanzipation, alle unsere liberalen, modernen, neuen Regeln, Beschlüsse und Erlasse wären dann infrage gestellt. Was bliebe noch übrig von dem, was das Leben lebenswert macht? Es liefe - um es ganz klar und krass zu sagen - auf einen riesigen ***Verlust an Lebensqualität*** hinaus.

Lebensqualität pur: Die bunte Lichterwellt der Nachtlokale

Könnte das Gottes Absicht sein? Könnte ein liebender, gütiger, freundlicher Gott Gefallen daran haben, unser Leben in enge, kleinliche Grenzen einzuzwängen? Das ist doch nur schwer vorstellbar. Was wäre denn, wenn die 10 Gebote heute noch gelten würden? Könnten wir dann unser Lebensglück in einer kreativen Weise noch selber gestalten?

Unsere Freiheit und unser Glück verdanken wir doch in erster Linie unserem liberalen, toleranten, rationalen, progressiven, aufgeklärten Denken. Erst der moderne Zeitgeist führte uns aus den engen, biblischen Grenzen heraus - ein Riesenunterschied zu vorher. Ein Riesensprung aus verqueren Vorschriften, die das Leben früher so schwer und zäh machten, in eine neue Zeit. Dank dem modernen Fortschritt können wir heute Dinge genießen, von denen die Menschen vor 50 und 100 Jahren nur zu träumen wagten.

Wie schwierig war es noch vor wenigen Jahrzehnten mit der ***Selbstverwirklichung***. Wir stießen sofort an sterile Barrieren. Erst mit der sexuellen Befreiung ist doch der Ausbruch aus den jahrhundertelang errichteten Schranken möglich geworden. Jahrhundertelang wurden unsere Anlagen durch die ***Unterdrückung des Lustprinzips*** außerhalb der Ehe radikal beschnitten. Ist uns eigentlich bewusst, was wir unserer modernen Zeit alles verdanken? Wir empfinden es ja fast schon als selbstverständlich, dass wir als emanzipierte Persönlichkeiten leben können.

Und Gott? Wie steht er zu dem allen? Die Bibel drückt aus, dass er in seinen Prinzipien unveränderlich ist. ***Ist er also völlig unflexibel?*** Soll er sich darin von seinen eigenen Geschöpfen übertreffen lassen? Die Geschöpfe flexibler als ihr Schöpfer? Schon in diesem Gedanken liegt etwas Erheiterndes. Das ist doch nur schwer vorstellbar, oder? Was vor 3500 Jahren einmal gut gemeint war, hat sich doch einfach überlebt. Würde Gott heute Gebote erlassen, würden die doch sicher ganz anders und weitaus zeitgemäßer ausfallen.

Da allerdings bisher noch keinerlei Anzeichen erkennbar sind, die auf eine göttliche Meinungsänderung hindeuten, müssen wir davon ausgehen, dass dieser Prozess noch nicht eingesetzt hat. ***Gott befindet sich demnach noch auf seiner althergebrachten, gebotskonformen Linie.*** Solange sich das noch nicht geändert hat, können wir darüber eigentlich nur unser Unverständnis äußern und es der rätselhaften göttlichen Unlogik zugutehalten. Was uns bleibt, ist nur, abzuwarten oder selber initiativ zu werden.

Gäbe es heute die modernen, offenen Beziehungen mit einem ***Lebensabschnittspartner***, wenn die überkommenen Empfehlungen der 10 Gebote noch gelten würden? Wohl kaum. Gerade an dieser Stelle wird die göttliche Unlogik extrem deutlich. Wie haben die Menschen früherer Generationen dies nur viele Jahrhunderte bewältigen können? Es gab keine fröhlichen Single-Haushalte, keine erholsamen Null-Kind-Ehen (höchstens bei Unfruchtbarkeit), vielerorts unerträgliches Kindergeschrei, keine turbulenten Patchwork-Familien, kaum Alleinerziehende (höchstens bei Verwitwung) usw. Stattdessen gab es die engherzigen, lebenslänglichen Ehegemeinschaften (manchmal eher „Ehegefängnisse“), in denen Streitpunkte oft zäh bewältigt werde mussten, weil man unterschiedliche Meinungen nicht einfach friedlich und elegant durch Eheauflösung aus der Welt schaffen konnte.

Erinnern wir uns noch an die ***verklemmten, langweiligen, „ordentlichen“ Kinder und Jugendlichen*** vergangener Jahrzehnte? Wieviel Mut und Anstrengung bedurfte es, sie mittels einer antiautoritären Erziehung, frühkindlicher Krippenerfahrungen und einer Loslösung von altertümlichen Normen und Regeln für ein ungebundenes, selbständiges Leben freizusetzen! Was für eine Freude ist es, die Jugendlichen heutzutage zu beobachten, wenn sie sich in ihren fröh-

Fröhliches Bild auf unseren Straßen: Jugendliche geben ihrer Lebensfreude Ausdruck – ganz friedlich ohne Brandsätze

lichen „Jugendbanden“ schon mal für den Lebenskampf rüsten! Wer wollte es ihnen verdenken, wenn sie manchmal etwas über die Stränge schlagen? Schließlich kommen sie nicht mehr aus kleingeistigen, strengen „Vater-Mutter-Kind-Familien“, sondern dürfen sich frei und ungebunden ohne nervige väterliche Aufsicht und mütterliche Überfürsorge entfalten. Von Anfang an werden sie durch abwechslungsreiche Erfahrungen mit Stiefvätern, Großeltern, Tanten, erholsamen Jugendheimen und bunten Patchwork-Familien für das Leben geschult. Ist die heutige Jugend nicht lebenstüchtig wie nie zuvor?

Auch diese Entwicklungen machen es deutlich, dass die altehrwürdigen, ***heute überwiegend unpassenden Vorgaben Gottes*** von unserer spontan-frischen, modernen Zeit überholt wurden. Um Gott zu verstehen, kann man nur anführen, dass dieser offensichtlich einfach nur gemäß seiner Natur handeln kann - er kann sozusagen nicht aus seiner Haut. Bewundernswert zwar in gewissem Sinn seine Konsequenz, aber das ändert nichts daran, dass diese Konsequenz heute nur unmodern und hausbacken wirkt.

Hat Gott es sich nicht selbst zuzuschreiben, wenn er in unserem Leben nur noch ein Randdasein führt? Unser Denken kreist heute um andere Dinge: Hobbys wie Briefmarken-, Münzen-, Bierdeckelsammeln, Autos, Fußball, Formel 1, Fitness, Kultur, Fan-Clubs, Kino, Fernsehen, Computer, Internet, Spielkonsolen usw. Die phantstisch ausgeweitete Beziehungsebene mit immer wieder neuen Freunden, Partnern, Bekanntschaften, Ehen, Erlebnissen bringt Sinn und Erfüllung. Die unzähligen Vorbilder - Filmstars, Musikbands, Rockidole, Sportgrößen, Politiker, Showmaster machen unser Leben interessant und bedeutungsvoll.

Das starre Festhalten Gottes an alten Vorgaben mutet da doch sehr eingleisig an. Es fällt schwer, ihn nicht als ständigen ***Spielverderber*** anzusehen. Trägt er nicht selbst zu einem so negativen Image bei?

Gott und die Moderne - was lässt sich zusammenfassend sagen? Eine schwierige Frage. Auf der einen Seite ein Gott, der bisher noch nirgends erkennbar einen Schritt in Richtung Flexibilität getan hat; auf der anderen Seite unsere fortschrittliche, rationale, moderne Zeit. Auf der einen Seite 10 sehr alte Gebote, die offensichtlich dringend einer Erneuerung bedürfen; auf der anderen Seite wir aufgeklärten, emanzipierten Menschen, die wir alttestamentliche Gebote längst nicht mehr als angemessen empfinden. Ist es uns da zu verdenken, wenn wir - quasi als Vorgriff auf die zu erwartende göttliche Korrektur - schon einmal eigene Regeln aufstellen, die unser Leben auf eine zeitgemäße, menschenfreundliche und auch logische Stufe stellen?

Solange Gott unseren weisen, durchdachten Vorgaben noch nicht zu folgen vermag, kann man immer wieder nur auf seine Unlogik verweisen. Allerdings ist nicht auszuschließen, dass gelegentlich die Frage aufkommt: ***Könnte die unlogische göttliche Unbeweglichkeit etwa gewollt sein?*** Müssen wir vielleicht im Ernst noch damit rechnen, dass das eine oder andere der 10 Gebote - oder mehrere? alle? - noch aktuell sein könnte?

Lieber Leser, bitte seien Sie jetzt nicht enttäuscht. Wir müssen zum jetzigen Zeitpunkt - also vor einer möglichen göttlichen Neuausrichtung - offenbar noch mit allem rechnen. Es scheint angebracht, gelegentlich sogar die 10 Gebote noch in unser Leben miteinzubeziehen. Schaden kann es sicher nicht.

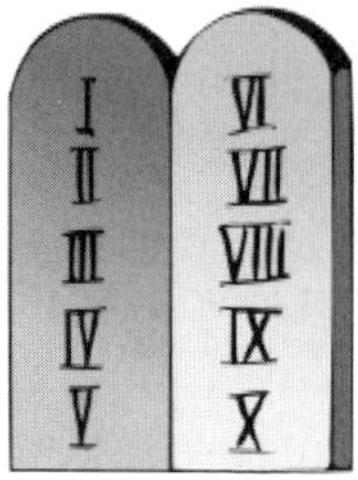

Was wäre, wenn wir nach den 10 Geboten leben würden?

Wir hätten eine Welt ohne Gewalt, Neid, Hass, Habgier, Lüge, Mord, Ausbeutung, Perversionen, Betrug, Untreue, Korruption und Diebstahl.

Es gäbe keinen Götzendienst, keine Phantasiereligionen und keine Geisteranbetung. Stattdessen würden wir in Frieden, Freiheit und gegenseitiger Achtung leben.

Es gäbe keinen Terror, keine Folter und keine Unterdrückung. Stattdessen gäbe es Gerechtigkeit, Ehrlichkeit und Hilfsbereitschaft.

Ist es Zufall, dass die Grundlagen fast aller demokratischen Systeme auf den biblisch-christlichen Prinzipien beruhen? Ist es Zufall, dass es in Staaten, die auf diesen Prinzipien aufbauen, das System einer strikten Gewaltenteilung gibt zwischen Legislative (Gesetzgebung), Exekutive (Gesetzausführung) und Judikative (Rechtsprechung)? Dass damit, solange keine „Gleichschaltung" geschieht, jedem totalitären System ein Riegel vorgeschoben wird.

Ist Gott etwa wieder einmal weiser als unser unübertreffliche Menschenverstand? Ist er in seiner göttlichen Unlogik etwa sogar schlauer als wir in unserer hochintelligenten menschlichen Logik? Das kann doch nicht sein, oder? Und was ist mit allen unseren fortschrittlichen Errungenschaften? Soll das etwa alles nur auf Schaumschlägerei hinauslaufen?

Was soll man von einem Wort von Jesus wie diesem halten: „Wer sein Leben erhalten will, der wird es verlieren; wer aber sein Leben verliert um meinetwillen, der wird‘s erhalten“ *(Lukas 9, 24)*? Hat Jesus etwas gegen unsere Selbstverwirklichung? Will er uns um den Mittelpunkt unseres Lebens bringen?

Wir landen offensichtlich wieder an dem Punkt, der in allen Angelegenheiten menschlicher Verselbständigung so leicht übersehen wird: ***dem der Realität***. An dem kommen wir offenbar nicht vorbei, wir können es drehen und wenden, wie wir wollen.

Damit nicht genug. Noch radikaler wird es im nächsten Kapitel, in dem es um die Wahrheit geht. Wahrheit und Realität stehen in einem engen Zusammenhang.

Der Glaube und die Wahrheit

Von **Jesus** stammen Aussagen, die in ihrem radikalen Absolutheitsanspruch alle unsere logischen Grenzen sprengen. Er behauptete von sich selbst: ***„Ich und der Vater sind eins." - „Wer mich sieht, der sieht den Vater."*** Das sind dermaßen „steile" Aussagen, dass sie einfach Unmut und Widerspruch hervorrufen mussten - und es bis heute tun. Er sagte damit ja nicht mehr und nicht weniger als: „Ich bin Gott". Als solcher ließ er sich auch wiederholt von seinen Jüngern oder geheilten Kranken bezeichnen: als Gott, Sohn Gottes, Messias. Er vergab Sünden, was nur Gott zusteht, und wendete die Gottesumschreibung „Ich bin" auf sich selbst an - weshalb ihn die Juden mehrmals steinigen wollten.

Das ist noch keineswegs alles an anstößigen Aussagen. Jesus erhob auch den Anspruch, die „Wahrheit" zu sein. Er sagte von sich selbst: ***„Ich bin die Wahrheit."*** Nicht: „Ich weiß die Wahrheit, kenne die Wahrheit, sage die Wahrheit",

sondern „Ich bin“. Das ist erheblich mehr. Die komplette Ausage ist sogar noch weitaus sperriger: „Ich bin der Weg, die Wahrheit und das Leben; niemand kommt zum Vater als durch mich“ *(Johannes 14, 6)*. Was soll man davon halten?

Gerade diese Aussage schneidet in ihrer Absolutheit und Kompromisslosigkeit jede Anerkennung anderer Wahrheiten ab. Mit derartigen Aussagen wirft Jesus alle unsere Toleranz- und Kompromissbemühungen gegenüber anderen Göttern und Religionen über den Haufen. Im Grunde sagt er. ***„Es gibt nur einen Gott, der bin ich“*** und ***„Es gibt nur eine Wahrheit, die bin ich.“*** Entweder ist das der Gipfel der Unverschämtheit und Arroganz, der Gipfel aller göttlichen Unlogik, oder es ist - ja, was dann?

Auf jeden Fall lässt es keinen Raum für Kompromisse. Unsere liebgewordenen Versuche in dieser Richtung mit ***Synkretismus*** („die verschiedenen Religionen sind vermischbar“), ***Pluralismus*** („es gibt viele verschiedene Wahrheiten“) und ***Relativismus*** („es gibt nichts Absolutes, alles hängt vom jeweiligen Standpunkt ab“) gehen damit den Bach hinunter. Sie wären dann nur noch Scheingefechte ohne inneren Wert. Wo also liegt der Fehler? Fehlt diesen Auffassungen die Verbindung zur Realität? Oder liegt der Fehler bei Jesus? Das führt uns in ein Dilemma: Nehmen wir die Aussagen von Jesus ernst, machen wir uns der „politischen Inkorrektheit“ schuldig; nehmen wir sie nicht ernst, zweifeln wir an der geistigen Unversehrtheit unseres Erlösers und Gottes.

Sind das nur so dahingeworfene, lockere Bemerkungen von Jesus, sind es überzogene Selbsteinschätzungen, sind es Aussagen aufgrund fehlenden Wissens, ist das einfach nur naiv oder grenzt das schon an Größenwahn? Wenn man das Umfeld dieser (und ähnlicher) Aussagen betrachtet, scheint es, als habe Jesus sie als ganz normale, wirklichkeitsgemäße Aussagen verstanden.

Von **C. S. Lewis**, dem bekannten englischen Philosophen und Wahrheitssucher, stammt folgende Gleichung: Er schließt zunächst aus, dass Jesus ein großer Morallehrer gewesen sein kann, wie es ihm die meisten Menschen am ehesten zubilligen. Denn wenn jemand behauptet, er sei Gott, und ist es nicht, lügt er. Das tut kein großer Morallehrer.

Lewis bietet nur drei Alternativen an. Jesus kann nur entweder ein ***Geisteskranker*** gewesen sein („wie jemand, der von sich behauptet, er sei ein Spiegelei"), oder ein von einem Dämon ***Besessener***, der die Menschen verführt, indem er sagt, er sei Gott, - - oder er war tatsächlich ***Gott*** *(C.S.Lewis, Pardon - ich bin Christ, Brunnen-Verlag Gießen)*.

In ähnlicher Weise gilt diese Gleichung auch für die Aussage von Jesus: ***„Ich bin die Wahrheit."*** Wer so etwas be-

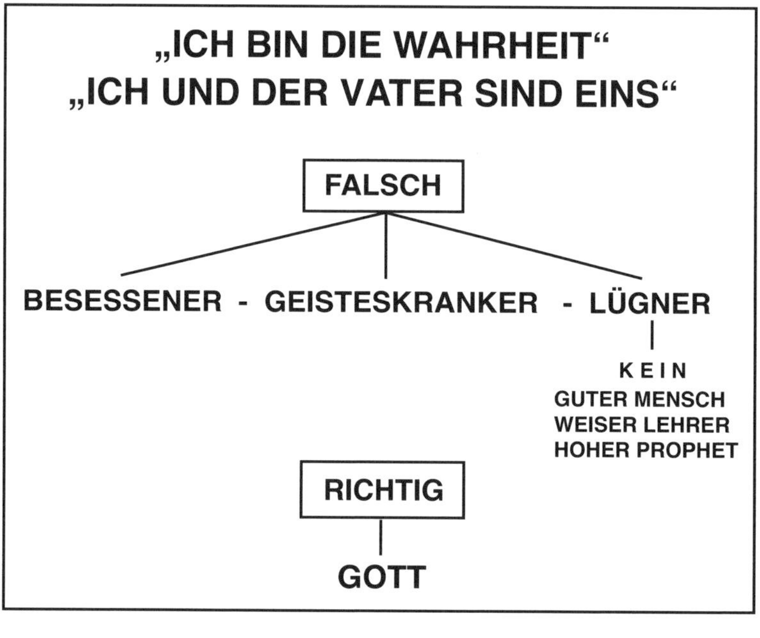

hauptet, weiß offensichtlich nicht so recht, was er da redet - dann ist er verrückt, größenwahnsinnig -, oder er sagt bewusst die Unwahrheit, dann ist er nicht die Wahrheit, sondern ein Lügner. Was wiederum völlig ausscheidet, ist die Möglichkeit, dass er dann ein guter Mensch, göttlicher Prophet oder großer Morallehrer gewesen sein kann. Es scheidet auch aus, dass Jesus sich einfach „geirrt" haben könnte, denn wer so unübertroffen klar, weise, intelligent argumentiert wie er, der weiß, wovon er redet und was er sagt.

Nach C. S. Lewis, einem der konsequentesten Denker des 20. Jahrhunderts, bleiben nur diese drei Möglichkeiten, unter denen wir wählen können: Verrückter, Besessener oder Gott. Unsere liebste, harmlose Einstufung von Jesus als Gutmensch, Prophet, Morallehrer usw. scheidet von vorneherein aus. Wem es nun aber zu weit geht, Jesus als Verrückten oder Besessenen anzusehen, der kann sachlich und konsequent nur noch bei der Aussage ***„Gott"*** landen.

Genau diese Schlussfolgerung hat Lewis nach einer jahrzehntelangen Suche als Atheist für sich selbst gezogen und sich bekehrt. Danach war er ein verwandelter Mensch und schrieb sein berühmtes Buch „Pardon - ich bin Christ", in dem er von philosophischer Seite die Existenz Gottes nachweist. (Später entstanden seine berühmten ***Narnia-Kinderbücher***, die inzwischen bereits verfilmt wurden.)

Was also liegt bei den Aussagen von Jesus vor? Größenwahn, Lüge oder wieder einmal göttliche Unlogik? Sie fordern uns eine Entscheidung ab, vor die jeder Mensch gestellt ist. Entweder wir entscheiden darüber bewusst oder wir kümmern uns gar nicht darum - was auch eine Entscheidung ist . Es läuft immer auf eine Entscheidung hinaus. Gehen wir davon aus (wofür am meisten spricht), dass wir es wieder einmal mit einem Fall uneinsehbarer, unnachvollziehbarer göttlicher Unlogik, aber doch einem realen Gott zu tun haben. Wohin führt uns dies?

Es führt uns zu Konsequenzen in Bezug auf die Wahrheit (Realität), die einem gutmeinenden, auf Frieden, Toleranz und Harmonie bedachten Menschen nur Bauchschmerzen bereiten können. ***Denn wenn Jesus Gott ist***, können andere Götter nicht auch Gott sein. ***Und wenn er die Wahrheit ist***, können andere Denksysteme nicht auch wahr sein. Damit wird selbstverständlich nicht ausgeschlossen, dass in anderen Religionen, Glaubenslehren und Denksystemen nicht auch Wahrheit enthalten sein kann. Aber es ist logisch unmöglich, dass sie grundsätzlich und durchgehend die volle, umfassende Wahrheit (deckungsgleich mit der REALITÄT) wiedergeben. Es können immer nur Teilwahrheiten darin enthalten sein.

Das führt zu dem weiteren Schluss, dass in diesen Systemen auch Aussagen enthalten sein müssen, die sich nicht mit der Realität decken und daher keine Wahrheit sein können. ***Es muss also Denk- und Glaubenssysteme geben, die sowohl Wahrheit als auch Unwahrheit enthalten.*** Dies macht es für Menschen, die in ein solches System eingebunden sind, sehr schwer zu erkennen, ob sie jetzt gerade etwas Wahres oder Unwahres glauben. Das heißt, auf ein solches System ist kein durchgehender Verlass. Es kann an einem Punkt etwas ganz augenfällig Wahres verkünden, und im nächsten Augenblick folgt eine glatte Unwahrheit - die jedoch wegen der vorausgegangenen Wahrheit nicht erkannt wird.

„Jetzt bitte etwas Wahres!"

Als Angehöriger eines solchen Systems kann man daher nie sicher sein. Man ist ständig hin- und hergeworfen zwischen blindem Glauben und Zweifel. Eine Gewissheit über das betreffende System ist nie erreichbar. Es bleibt immer ein offener Rest, bei dem der Glaube irgendwann in wilde Spekulation übergeht. Dies ist auch der Grund, ***warum in allen Religionen immer wieder Wahrheitssucher aufstehen***, die sich mit einem so unbefriedigendem Glauben nicht abfinden wollen. Aber auch das Christentum bildet hierbei keine Ausnahme, denn auch hier kann man solange nur blind glauben, wie man eine persönliche Berührung von Gott noch nicht erlebt hat.

Im Gegensatz zu Phantasie-Religionen ist eine ***persönliche Erfahrung mit Gott*** im Christentum möglich und wird von Jesus selbst erwähnt: Er spricht von der „neuen Geburt", auch „Wiedergeburt" genannt (nicht zu verwechseln mit Wiederverkörperung), ohne die „niemand in das Reich Gottes eingehen kann." Wer diese „neue Geburt" erlebt, hat im Allgemeinen keine Zweifel mehr an der Realität Gottes. Ähnliche Erfahrungen gibt es auch bei Gebetserhörungen, Heilungen, Befreiungen aus Süchten und Gebundenheiten usw. ***Was Sie selbst erleben, „wissen" Sie.*** Das ist für Sie real, für andere nicht. Es ist eine persönliche, subjektive Gewissheit, die Sie dann haben. Sie wissen das genauso sicher, wie

Sie wissen, ob Sie Hunger haben oder jemanden lieben. Andere wissen das nicht, obwohl es „Realität“ ist..

Wichtig ist, dass man sich im Gebet mit allen Fragen ausdrücklich an den Gott der Bibel bzw. an Jesus Christus wendet, da auch ***reale Erfahrungen mit negativen übernatürlichen Mächten*** möglich sind. Das sind Kontakte mit der esoterisch-okkult-dämonischen Seite, die auf längere Sicht immer zu okkulten Belastungen und Gebundenheiten führen. Die Bibel lehrt, dass auch der Satan sich als „Engel des Lichts“ verstellen und Wunder tun kann *(2. Korinther 11, 14)*. Viel „Licht“ ist also keinesfalls die Garantie für die gute, göttliche Seite. Bei Kontakten mit dem Unsichtbaren ist daher Misstrauen und genaues Prüfen eine äußerst sinnvolle Einstellung. Der beste Schutz gegen eine Vereinnahmung durch okkulte Mächte ist, dass man zu Jesus betet.

Fazit: Ein persönlicher Kontakt mit Gott kann 100%ige Gewissheit bringen, dass er wirklich existiert - ***aber nur Ihnen persönlich***. Andere können Ihnen das nur glauben oder auch nicht. ***Man muss einen solchen Kontakt mit Gott selbst erleben.*** Es nützt nichts, wenn andere uns das erzählen. Am liebsten wäre uns aber immer ein objektiver Beweis - etwas Nachprüfbares, also konkrete Daten und Fakten. Das ist selbstverständlich ein berechtigter Wunsch.

Wo findet man solche objektiven Daten? Die naheliegendste Antwort ist: Natürlich in der ***Wissenschaft***. Kann die Wissenschaft einen solchen Nachweis Gottes erbringen? Das sollte man am ehesten erwarten. Darum geht es im nächsten Kapitel.

Gott und die Evolution

Für uns vernunftgeprägte Geschöpfe kommt ganz selbstverständlich die Frage auf: Was sagt die Wissenschaft zum Thema „Gott“? Vielleicht ist der eine oder andere ja inzwischen zu der Überzeugung gekommen, dass Gott trotz all seiner Widersprüchlichkeit und Unlogik tatsächlich existieren könnte. Die Erweise dafür sind ja recht deutlich. Aber da ist ja noch die ***Wissenschaft***. Die ist doch eigentlich die maßgebliche Instanz, wenn es um präzise Daten und Fakten geht. Gilt das nicht auch im Hinblick auf Gott? Nur in der Wissenschaft geht es doch wirklich unbestechlich, faktenbezogen, sachlich, objektiv und fern aller weltanschaulichen oder religiösen Spekulationen zu.

Für die meisten Wissenschaften trifft dies ohne Abstriche zu. Das sind die Wissenschaften, die mit konkreten Daten, Fakten, Zahlen, Ergebnissen und Experimenten arbeiten..In diesen Wissenschaften gibt es gewöhnlich auch keine Probleme mit Gott. Man glaubt an ihn oder auch nicht, ganz ohne Zwang.

Aber dann gibt es die Wissenschaften, ***die weitgehend ohne konkrete Daten, Zahlen, Experimente auskommen müssen***, die historischen Wissenschaften. Was in der Vergangenheit passiert ist, kann man nur durch Berichte, Fossilien, Vermutungen und Theorien „hochrechnen". Niemand war dabei. Und das gilt insbesondere für die Ursprungswissenschaften, wo es um die Entstehung des Universums, des Lebens, der Naturgesetze, der Pflanzen, Tiere und des Menschen geht. Dies trifft vor allem auf die ***Evolutionsbiologie*** zu. Und da wird es heikel.

Nun folgt vielleicht die größte Enttäuschung, die man einem wissenschaftsgläubigen Menschen zufügen kann: In der Evolutionswissenschaft kann notgedrungen nur mit erdachtem Wasser gekocht werden. Immer beginnt es mit Menschen, die Theorien aufstellen und wissenschaftliche Ergebnisse deuten. Immer fehlen konkrete Daten und Fakten, ***nie kann man einmalige Geschehnisse aus der Vergangenheit durch Experimente wiederholen.*** Es ist daher leicht möglich, dass sich Irrtümer, Ideologien und Weltanschauungen einschleichen - und sich in den Forschungsergebnissen niederschlagen. Der beste Beweis dafür ist, dass es ständig neue Ergebnisse gibt, durch die ältere Ergebnisse „revidiert" werden. Das heißt, die alten werden durch neuere Ergebnisse ersetzt, die alten sind dann „nicht mehr gültig". Sie fallen weg. Trotz all ihrer Wissenschaftlichkeit sind sie überholt und gehören zum alten Eisen. Das hat nie ein Ende, solange eine Wissenschaft objektiv und sachlich betrieben wird.

Wann gelebt? Vor Jahrtausenden oder Jahrmillionen? Wieso gibt es Höhlenzeichnungen von Dinos?

Alle Funde, Fossilien und Belege in den historischen

Wissenschaften müssen interpretiert werden. Sie werden gedeutet von Menschen mit einer bestimmten Lebensauffassung, Meinung oder Weltanschauung. Die schlägt sich auch in den Deutungen nieder. Wenn dann bestimmte Forschungsergebnisse nicht mehr revidiert werden dürfen, weil sie „ein für allemal" und „unumstößlich" feststehen, ist höchste Vorsicht geboten. Aus einer Wissenschaft kann dann sehr schnell eine Ideologie werden.

In den Ursprungswissenschaften bleibt der Traum von einer völlig objektiven, neutralen Wissenschaft daher ein Traum. Überall da, ***wo Forschungsergebnisse interpretiert werden***, kommt es zu unterschiedlichen Schlussfolgerungen, Hypothesen und Theorien:

Wer von dem Glauben ausgeht, dass es Gott nicht gibt, kommt zu anderen Hypothesen als jemand, der mit der Existenz Gottes rechnet. Das ist logisch und legitim. Nicht legitim und überhaupt nicht wünschenswert ist es, ***wenn jemand seine Sichtweise zur alleinigen, objektiven, absoluten, einzig wissenschaftlich korrekten erklärt.*** Dann wird aus wissenschaftlich offenen Ergebnissen schnell eine wissenschaftliche Zwangsjacke. Wer die nicht mit anzieht, ist dann kein „Wissenschaftler" mehr.

Kann so etwas in der Wissenschaft tatsächlich passieren? Gibt es Wissenschaftler, die tatsächlich eine bestimmte Ideologie, Religion, Weltanschauung verfechten? Selbstverständlich, das ist der Normalfall. Es ist die Beschreibung eines ganz normalen Wissenschaftlers, denn jeder Wissenschaftler hat nicht nur seine Ergebnisse, sonder auch eine bestimmte Meinung dazu. Wir können also unsere hohen Erwartungen an die Unfehlbarkeit der Wissenschaft aus guten Gründen begraben. ***Wissenschaftsgläubigkeit*** ist genauso ein Glaube wie Religionsgläubigkeit und Ideologiegläubigkeit.

In Bezug auf Evolution haben sich die Standpunkte inzwischen total festgefahren. Auf der einen Seite Darwinisten, Neodarwinisten, Evolutionswissenschaftler, die die Existenz Gottes von vornherein ausschließen, auf der anderen Seite Schöpfungswissenschaftler, die an die Existenz Gottes glauben. Da können leicht Emotionen ins Spiel kommen.

Für einen Evolutionswissenschaftler ist die Einbeziehung einer möglichen Existenz Gottes einfach nur Religion. Für einen Schöpfungswissenschaftler ist ein Ausblenden der möglichen Existenz Gottes von vornherein einfach eine Verkürzung der Realität. Denn natürlich kann keine Wissenschaft ausschließen, dass es Gott gibt. Und falls es ihn gibt, hat er selbstverständlich auch etwas mit der Welt und dem Leben zu tun.

„... zum ersten Mal ist es durch die Evolutionsbiologie gelungen, wissenschaftlich endgültige, unumstößliche, ewig wahre Ergebnisse vorzulegen ...“

Der weltbekannte Wissenschaftsphilosoph **Karl Popper** hat den Wissenschaftlern eine wissenschaftstheoretische Regel ins Stammbuch geschrieben, die für jede Wissenschaft gilt: Jede wissenschaftliche Theorie muss ***grundsätzlich falsifizierbar*** sein, das heißt, sie muss auch infrage gestellt und widerlegt werden dürfen. Keine Wissenschaft darf davon ausgehen und behaupten, dass sie die absolute, ewig gültige, unumstößliche Wahrheit gefunden habe. Es muss immer auch möglich sein, dass allgemeingültige Sätze durch neue Erfahrungssätze umgestoßen und ersetzt werden.

Das ist eigentlich eine wissenschaftliche Binsenweisheit,

aber dagegen wehren sich viele Evolutionswissenschaftler mit Händen und Füßen. Sie halten ihre Ergebnisse und Schlussfolgerungen für so allgemeingültig und absolut, dass sie sich nur ganz schwer davon trennen mögen. Alles, was ihre Ergebnisse irgendwie infrage stellen könnte, wird als Angriff auf die Wissenschaft bekämpft. Ein solches Denken ist sogar häufig anzutreffen. Der Genetiker und Evolutionstheoretiker **Theodosius Dobzhansky** bekannte rigoros: „Nichts in der Biologie macht Sinn außer im Licht von Evolution.“ Er vereinnahmte damit frohgemut die gesamte Biologie für den Darwinismus.

Jede Theorie hat ihre Stärken und Schwächen. Die Stärke der Evolutionstheorie liegt eindeutig im Bereich ***„Mikroevolution“***. Das betrifft geringfügige Anpassungen an neue Umstände innerhalb einer Tier- oder Pflanzenart. Diese sind überall zu beobachten und ***gehören zur normalen Variationsbreite, die jeder Art innewohnt.***

Derartige Veränderungen bezweifelt kein Wissenschaftler - auch kein Schöpfungswissenschaftler. Sie sind überall sichtbar: Bei den Züchtungen der verschiedenen Hunderassen, Taubenrassen, Pferderassen, bei Getreide- und Rosenzüchtungen, bei Farbveränderungen unter Birkenspannern, Schnabelvariationen unter Darwinfinken, bei Resistenzbildungen unter Bakterien, Insekten, Pflanzen u. a. m.

Diese Veränderungen sind nachweisbar vorhanden - aber sie sind alle nur ***Variation***, keine Evolution. Sie spielen sich alle nur ***innerhalb einer Art*** ab. „Art“ ist dabei im Sinne von Grundtypen zu verstehen, was etwa der Ordnung „Familie“ entspricht Nie werden die Familiengrenzen überschritten. Es sind alles nur geringfügige Anpassungen an veränderte Umstände, aber ***sie schaffen nichts grundsätzlich Neues***. Es entstehen keine neuen Baupläne, keine neuen Organe und erst recht keine neue Grundtypen. Pinscher, Doggen, Dackel und Bernhardiner können noch so verschieden aussehen, aber es sind alles weiterhin Hunde. Sie werden nicht zu Katzen oder Meerschweinchen. Solche „Mikroevolution“ ist eine überall erkennbare Tatsache - aber sie ist nicht die Evolution, die die Evolutionswissenschaftler verkünden. Diese verkünden nämlich „Makroevolution“, und das ist etwas ganz anderes.

Unter ***„Makroevolution“*** behauptet die Evolutionstheorie, dass aus einer Art eine andere Art entsteht. So ist das auch dargestellt im berühmten „Stammbaum des Lebens“: Aus einer Urzelle werden Bakterien, daraus Würmer, daraus Fische, dann Lurche, dann Kriechtiere und Saurier, daraus Vögel und Säugetiere, schließlich Affen, am Ende der Mensch. ***Eine völlig aus der Luft gegriffene „Aufstiegsreihe“, für die es keinen einzigen Beweis gibt.*** Man muss sie einfach „glauben“, und das ist in einer Wissenschaft unzulässig.

„Wissenschaftliche Aufstiegsreihe“ vom Wurm zum Menschen - völlig unbewiesen

Dies ist keineswegs die einzige „Glaubensaussage“ im Evolutionskonzept. Es gibt zahlreiche weitere Unstimmigkeiten, für die hier nur einige wenige Beispiele aufgeführt werden. Von der Evolutionsseite werden sie alle als „geklärt“ und „wissenschaftlich abgesichert“ dargestellt. Sie sind es aber nicht. Dazu gehören u. a. folgende ungeklärte Fragen:

- Die ***Lebensentstehung*** aus toter Materie durch Zufall. Gerade dieser Punkt, mit dem alles Leben begann, ist völlig ungeklärt. Die Informationsgesetze schließen Selbstorganisation aus toter Materie völlig aus. Information ist eine nichtmaterielle Größe und kann nie aus Materie entstehen. Auch **Pasteurs** Lebensentstehungsgesetz weist eindeutig nach, dass Leben nur aus Leben entsteht.

- Die ***Doppelhelix der DNS***, in der im Raum eines Hundertstel Stecknadelkopfes alle Erbinformationen eines Lebewesens gespeichert sind. Diese Doppelspirale benötigt zu ihrer Entstehung Proteine; diese benötigen zu ihrer Entstehung die DNS. Da beißt sich die Katze in den Schwanz. Es gibt eine unüberbrückbare gegenseitige Abhängigkeit Allein mit dieser einzigen Tatsache ist jegliche Zufallsevolution begraben. Alle Versuche, dies mit hochkomplizierten Hypothesen zu verwischen, sind nur wissenschaftliche Spekulation. Die Entstehung der DNS ohne Beteiligung einer Intelligenz zu erklären, ist einfach Wunschdenken.

- Unter den unzähligen ***Fossilien*** (Versteinerungen von Tieren und Pflanzen) gibt es keinerlei Übergangsglieder. Immer tauchen alle Arten in den Fossilfunden von Anfang an fertig auf. Nie tauchen irgendwo „Übergangsformen", „Halbentwickelte", „Bindeglieder" auf. Die müsste es bei einer „Evolution" aber millionenfach geben.

- Die beiden Evolutionswerkzeuge ***Selektion*** und ***Mutation*** können nur schon vorhandene Strukturen leicht verändern (Mikroevolution). Sie können aber nie völlig neue Baupläne, Organe und Grundtypen schaffen (Makroevolution). Sie können daher nie die Instrumente sein, die die Evolution vorangebracht haben sollen.

- Die ***Feinabstimmung im Universum*** zugunsten einer lebensfreundlichen Erde ist dermaßen präzise (bei manchen

Naturkonstanten bis in die 10. Stelle nach dem Komma!), dass eine rein zufällige Entstehung ***absolut*** ausscheidet. Würde also die 10. Stelle nach dem Komma nicht stimmen, gäbe es kein Universum, keine Gestirne, keine Lebewesen, keine Menschen - nichts.

- Alle ***Instinkte*** und ***Überlebensmechanismen*** in der Natur sind bereits in den Erbanlagen einprogrammiert. Sie benötigen zu ihrer Entstehung zwingend einen Programmierer, Codierer bzw. Informationsgeber. Dazu braucht es höchste Intelligenz. Ein blinder Zufall ist damit restlos überfordert.

Metamorphose einer Raupe in einen Schmetterling: ein Meisterstück der Evolution, so genial und kompliziert, dass damit wohl auch jeder Schöpfer an seine Grenzen käme ...

Was lässt sich schon aus diesen wenigen, rein wissenschaftlichen Daten und Ergebnissen entnehmen? Es zeigt, dass die Evolutionstheorie nach wie vor eine Theorie ist und erhebliche Schwachpunkte aufweist. Sie ist keineswegs die absolute, unumstößliche Wahrheit, als die sie sich immer darstellt. Da sie aber als Wissenschaft daherkommt und Evolutionsbiologen sich gern als „Realwissenschaftler" bezeichnen (im Gegensatz zu Schöpfungswissenschaftlern, die als „unwissenschaftlich" abgestempelt werden), gilt sie gewöhnlich als gesicherte Tatsache. Doch das ist sie keineswegs. Es besteht daher nicht der geringste Grund, wegen der Evolutionstheorie seinen Glauben an Gott aufzugeben oder Bibelaussagen zu „Mythen" umzufunktionieren.

Evolutionswissenschaftler benutzen oft ***Formulierungen, die schon an Augenzeugenberichte*** erinnern. Es heißt dann: "Wir wissen aber ... es ist so und so gewesen ... heute zweifelt niemand mehr daran ... die Wissenschaft weiß heute ... es ist allseits bekannt ... es ist erwiesen... es steht unumstößlich fest ..." usw. Es sind aber alles Hypothesen. Wenn ihre Ergebnisse als ***"gesicherte Forschungsergebnisse der etablierten Wissenschaft"*** vorgestellt werden, könnte man bestenfalls von "Forschungsergebnissen der Evolutionswissenschaft" sprechen. Dass die zugunsten von Evolution ausfallen, ist keine Überraschung. Wer sägt schon den Ast ab, auf dem er sitzt? Von "gesichert" kann nicht die Rede sein, denn immer wieder werden frühere Ergebnisse verworfen und neue an ihre Stelle gesetzt.

Tilo Englaender, der als Biologielehrer jahrelang über Evolution unterrichtete, weist darauf hin, dass im Evolutionskonzept häufig ***Zirkelschlüsse*** vorkommen - so z.B. beim „Evolutions-Stammbaum“: In einem Evolutionsbuch der Universität Nürnberg findet sich folgender Basis-Satz: *“Merkmale gleicher stammesgeschichtlicher Herkunft beweisen Verwandtschaft.“* Englaender bemerkt dazu: „Nun ist Verwandtschaft nichts anderes als ‚gleiche stammesgeschichtliche Herkunft‘ So kann man ohne Abstriche am Sinn auch sagen: ‚Merkmale gleicher stammesgeschichtlicher Herkunft beweisen gleiche stammesgeschichtliche Herkunft.‘ Oder kürzer: ‚Verwandte Merkmale beweisen Verwandtschaft.‘ Jetzt erkennt man den klassischen Zirkelschluss.“

Englaender nennt dies den ***Homologie-Zirkelschluss***. Er

weist weiter auf den ***Innovations-Zirkelschluss*** hin, der Makroevolution betrifft, und den ***„methodischen Zirkelschluss“***, der das gesamte Evolutionskonzept durchzieht *(Tilo Englaender, Testnote gut? Darwins Evolutionstheorie auf dem Prüfstand, BoD 2009, S. 50*).

Schon in den vorangegangenen Kapiteln wurde deutlich, dass es sehr wohl klare und massive Gründe gibt, die für die Existenz Gottes sprechen. Unzählige Zeichen, Wunder, Gebetserhörungen, Heilungen, Lebensveränderungen usw. beweisen: Gott existiert. Er handelt, wirkt, reagiert, antwortet, nimmt Anteil und greift ein, wenn man sich an ihn wendet. Das sind nachweisbare Tatsachen - Dinge, die jedem Menschen zugänglich sind. Man kann das erleben. Es handelt sich um REALITÄT. Unzählige Erfahrungen von Menschen in allen Ländern und Kulturen zeugen davon.

Wir können also sehr begründet von der Existenz Gottes ausgehen. Die einzige Sichtweise, die auch nach unserem Tod noch gilt, ist daher Gottes Sichtweise. Die Evolutionstheorie erklärt aber, dass alles Leben rein diesseitig durch materielle Prozesse entstanden sei - ohne Gott. Das passt nicht zusammen. Logischerweise können nicht beide Sichtweisen - Evolution und Schöpfung - gleichzeitig korrekt und wahr sein. Man kann sie auch nicht „harmonisieren“ (darüber im nächsten Kapitel).

Wir müssen also bei der Beurteilung der Evolutionstheorie rein sachlich die Realität Gottes zugrundelegen. Unter dieser Voraussetzung ergibt sich eine ganz einfache Gleichung: ***Jede Theorie oder Weltanschauung, die von der Nichtexistenz Gottes ausgeht, kann schon vom Ansatz her nicht richtig sein.*** Sie blendet Realität aus und gründet somit auf einem entscheidenden Denkfehler. Alle Aussagen auf dieser Grundlage können grundsätzlich nie die ganze Wahrheit wiedergeben. Es sind höchstens gewisse Teilwahrheiten möglich.

Wenn also im Evolutionskonzept die Realität Gottes ausgeblendet wird, kann keine realitätsgerechte Theorie dabei herauskommen. Dann ist automatisch eine Schieflage vorprogrammiert. ***Wir können nicht einfach so tun, als ob es Gott nicht gäbe, und dann versuchen, alles ohne ihn zu erklären.*** Das kann immer nur zu Halbwahrheiten führen. Es ist weder intellektuell noch wissenschaftlich redlich - und logisch schon gar nicht. Es ist einfach der Traum von der Autonomie des Menschen

Wenn Wissenschaftler die Entstehung des Lebens, Makroevolution, biologische, chemische, kosmische Vorgänge ohne Gott erklären wollen, gehen sie von vornherein an der Realität vorbei. Das können noch so hochgelehrsame wissenschaftliche Ergebnisse, Theorien, Hypothesen sein - sie gehen von einer falschen Denkvoraussetzung aus und können daher NIE grundsätzlich richtig sein. Vielleicht in einigen Einzelheiten, aber nie im Ganzen. Es sind ***wissenschaftliche Phantasieprodukte*** - ganz einfach, weil man an der Realität vorbei etwas als real erklären will, was nicht real ist. Oder weil man an der Existenz Gottes vorbei etwas ohne Gott erklären will, obwohl er existiert.

Das ist so, als wollte man "rein wissenschaftlich" Nässe ohne die Existenz von Wasser erklären. An irgendeinem Punkt wird alles zu Krampf. Dann geht alles in Hypothesen, Phantasie, Ideologie, Illusion, Wunschdenken über. Ohne Anbindung an die Realität fehlt einfach die Grundlage.

Einfach weil Gott existiert, können wir wissen, dass er das Univerum, die Erde, das Leben, die Lebewesen, die DNS, die Naturgesetze, die Naturkonstanten usw. geschaffen hat. Wenn bestimmte Wissenschaftler ihre ***atheistische Sicht*** als einzig wissenschaftliche, reale, nüchterne, etablierte hinstellen und jede übernatürliche Dimension ausblenden, ist das gar nicht wissenschaftlich. Es ist eher Meinungsmache. Derartige Wissenschaftler *müssen* ja alles rein materiell erklären, sonst käme sofort Gott ins Spiel.

Wissenschaft wird heute fast vergöttlicht. Der Glaube an die Wissenschaft ist beinahe unbegrenzt. Es ist nahezu unvorstellbar, dass Wissenschaftler sich irren könnten. Sie sind oberste Instanz: hochgebildet, wissenschaftlich objektiv, ausschließlich der Wahrheit verpflichtet. Aber die Geschichte der Wissenschaften beweist, ***dass Wissenschaftler sich unzählige Male geirrt haben.*** Es wurden zum Teil haarsträubende Theorien aufgestellt, die sich nach Jahren, Jahrzehnten oder sogar Jahrhunderten plötzlich in Luft auflösten. Vor **Einstein** glaubte niemand an die Relativitätstheorie, nach Einstein war das eine wissenschaftliche Tatsache. Hatten sich alle Wissenschaftler vor Einstein geirrt? Es sieht fast so aus.

Vor Einstein: Universaler wissenschaftlicher Irrtum

Noch mehr. Es kam sogar zu bewussten ***wissenschaftlichen Fälschungen*** - so bei den Embryonalzeichnungen des deutschen Genetikers und Evolutionsverfechters **Ernst Haeckel**, der damit sein berühmtes „biogenetisches Grundgesetz“ aufstellte: Der Embryo wiederhole in seiner Entwicklung noch einmal die gesamte Stammesgeschichte. Über 100 Jahre wurde dieser Unsinn als „Gesetz“ in den Schulbüchern duchgeschleppt, obwohl andere Wissenschaftler von Anfang an auf die Fälschung hinwiesen. Das krasseste Beispiel einer Fälschung war wohl der ***„Piltdown-Mensch“***, der aus einem menschlichen Schädelteil und dem Kieferknochen eines Affen bestand. 40 Jahre lang schrieben Wissenschaftler ihre Doktorarbeiten über diesen „Urmenschen“.

Es ist unglaublich schwer, eine jahrzehntelange Programmierung auf Evolution zu durchbrechen. Das lässt sich sogar bei hochkarätigen Nobelpreisträgern beobachten: **Francis Crick, Jacques Monod** u.a. erkannten klar, dass Evolution nicht stimmen kann, hielten aber doch daran fest. Crick verlegte aus diesem Grund die Entstehung des Lebens in den

Weltraum, Monod bekannte, dass er gegen seine Vernunft an Evolution glaube.

Ein Tsunami, der nur wenige Minuten währt, schafft eine ozeanweite Verwüstung. ***Was gescheht, wenn ein solches Wirken einen Tag, einen Monat anhält?*** Was, wenn Fluten, Vulkanausbrüche, Gebirgshebungen, Meeresbodenabsenkungen, Kontinentalplattenverschiebungen über ein ganzes Jahr (wie bei der ***Sintflut***) gehen? Können wir uns vorstellen, was passiert, wenn solche Geschehnisse nur 100 Jahre anhalten? Da braucht es keinerlei Jahrmillionen mehr, um die gesamte Erde umzukrempeln. Am besten, wir machen unsere Berechnungen mit Gott, das schützt vor Rechenfehlern.

Man kann es nicht oft genug wiederholen: ***Entscheidend ist nicht unser Glaube, sondern die Realität.*** Jede Theorie, Wissenschaft, Religion muss an der Wirklichkeit gemessen werden. An der Realität kommt auf Dauer kein Denksystem vorbei, das ist nun einmal so. Wissenschaftliche Ergebnisse und Theorien sind nie absolut. Der Grund ist klar: Sie bewegen sich ausschließlich auf der natürlichen, diesseitigen, materiellen Ebene. ***Alles, was außerhalb der diesseitigen, materiellen Dimension liegt***, ist wissenschaftlich nicht erfassbar und bleibt eine unbekannte Größe. Rein materielle Erklärungen laufen letztlich immer auf wissenschaftliche "Es-könnte-sein"-Geschichten hinaus

Würde Gott nicht existieren, wäre selbstverständlich auch ein Glaube an ihn sinnlos. Genauso sinnlos ist allerdings auch ein Glaube an keinen Gott gemäß wissenschaftlichen Vorgaben, wenn dieser existiert. Auch das wäre nur ein Glaube an ein Phantasiegebilde, der irgendwann zerplatzen wird. Peinlich nur, wenn das erst am Schluss des Lebens geschieht.

Was kann Gott und was nicht?

Die Bibel verkündet den Gott, der ***"spricht, und es geschieht, der gebietet, und es steht da"*** *(Ps. 33, 9)*, der spricht "es werde - und es ward“ *(1. Mose 1,1)*, der "dem ruft, was nicht ist, dass es sei" *(Römer 4, 17)*, der "die Welt durch sein Wort aus nichts geschaffen hat" *(Hebräer 11,3)*. Das sind unerträglich radikale Aussagen, die keinen Raum für irgendwelche Kompromisse zwischen Evolution und Schöpfung lassen. Wer sich uneingeschränkt dazu bekennt, kann bei der heutigen Wissenschaftsgläubigkeit eigentlich nur noch als Trottel und Fanatiker dastehen. Das ist natürlich eine Einschätzung, die man eher vermeiden möchte.

Also machten sich clevere Theologen daran, Evolution und Schöpfung zu „harmonisieren“. Gott ja, aber Evolution auch. Die geniale Lösung: ***„Gott schuf durch Evolution.“*** Gott gebrauchte also Evolution, um seine Schöpfung zu schaffen. So war beiden Seiten Genüge getan, und niemand musste sein intellektuelles Image aufs Spiel setzen. Er konnte weiterhin einen gewissen Glauben an Gott pflegen und gleichzeitig seine weltoffene Einstellung gegenüber Evolution deutlich machen. Die Kompromissformel für dieses Sowohl-als-auch nennt sich ***„Theistische Evolution“***.

Theistische Evolution verkündet einen Gott, der Milliarden Jahre brauchte, um etwas in Existenz zu bringen, wie wir es heute vor uns sehen. Das lässt sich mit den biblischen Aussagen von einem Gott, der „spricht, und es geschieht“ nicht besonders gut harmonisieren. ***Es muss sich dabei um verschiedene Götter handeln.***

Einmal mehr wird an diesem Widerspruch offenkundig, wie unsensibel sich Gott gegen jede menschlich-vernünftige Weisheit verhält. Denn für unseren unbestechlichen Menschenverstand ist doch ganz klar: ***Es gibt einfach Dinge, die auch Gott nicht kann***, und wenn er noch so sehr Gott ist. Da sind die Naturgesetze, und die schieben jedem übertriebenen göttlichen Wunder einen Riegel vor. Das können wir durchaus auch mit unserem glasklaren menschlichen Verstand beurteilen. Niemand kann ein Universum von heute auf morgen erschaffen. Es braucht dazu in jedem Fall immer Milliarden Jahre. Ein Universum lässt sich nicht einfach mit ein paar dahingemurmelten Worten zustandebringen. Dafür braucht es Materie von unvorstellbar hoher Dichte, die dann irgendwann freigesetzt werden muss. Dass Gott beim ***Urknall*** seine Finger im Spiel gehabt haben kann, muss ja gar nicht bestritten werden. Aber durch „Worte“ aus dem „Nichts“ ...? Manchmal schießt die Unlogik Gottes schon extrem weit auch über das gutherzigste Verständnis hinaus.

Wie rational ist dagegen doch ein Glaube an einen Gott, der vor Milliarden von Jahren das Universum geschaffen hat und seither aus einer ***Lehnstuhlperspektive*** alles per Evolution sich abspulen lässt - stetige Höherentwicklung in Übereinstimmung mit den Daten der Wissenschaftler (ge-

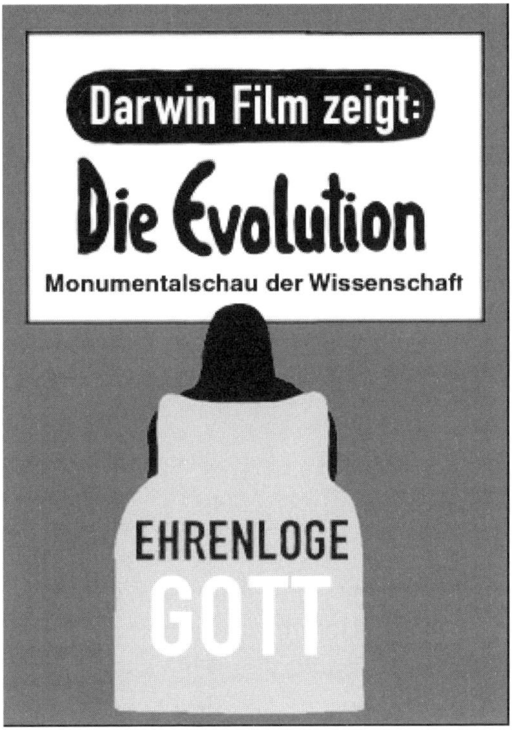

Packende Superschau für Gott: DIE EVOLUTION

nannt „Deismus“). Das klingt doch schon eher nach einem logischen Vorgehen. Ein solcher Gott hätte seine Autorität und Schöpferkraft besonnen und zurückhaltend auf unser menschliches Vorstellungsvermögen abgestimmt. Er wäre jemand, der wunderbar mit unserer eigenen Weisheit und Logik kooperiereren würde. Aber ein Gott, wie ihn die Bibel schildert?

Mit menschlicher Logik betrachtet, ist natürlich in keinster Weise vorstellbar, dass Gott für die Erschaffung des Universums keine Milliarden Jahre benötigt haben könnte. Nicht vorstellbar ist selbstverständlich auch, dass biblische Aussagen Tatsachenschilderungen sein könnten. Logisch ist einzig und allein, dass nur das wissenschaftlich Mögliche die Wirklichkeit darstellen kann. Da sind doch unsere menschlichen Theorien und wissenschaftlichen Erkenntnisse weitaus vertrauenswürdiger als die Bibelphantasien. Irgendwo gibt es für jeden eine Grenze, auch für Gott. Letztlich ist er ja wohl doch ein Gott der begrenzten und nicht der unbegrenzten Möglichkeiten .

..

Als hochgeistige Vernunftwesen müssen wir durchaus nicht auf jede göttliche Unlogik eingehen. Wir dürfen durchaus abwägen und Dinge, die über unseren weiten menschlichen Horizont hinausgehen, getrost hinterfragen. Mit unserem genialen Verstand können wir sehr wohl unterscheiden, ***was Gott kann und was nicht***. Wir können auch ganz nüchtern beurteilen, ***wie er etwas tun kann und wie nicht***, und wieviel Zeit er für etwas unbedingt benötigen muss und ***in welchem Zeitrahmen er ganz sicher nicht handeln kann.*** Dafür sind wir nun mal die Krone der Schöpfung und haben uns mühselig aus Affen zum Ebenbild Gottes hochentwickelt.

Klingt das nicht alles recht amüsant? Es ist das heute vorherrschende Denken. Mit solchen Vorstellungen setzen wir ständig Vorannahmen (Prämissen) für unseren Glauben. Wir konstruieren ***Schubladen***. Richtig kann nur sein, was in diese Schubladen hineinpasst. Gott wird durch wissenschaftliche, atheistische, ideologische und theologische Vorannahmen von vornherein begrenzt.

Wissenschaft ist dann nur, was "materiell" und „natürlich“ erklärt werden kann. Für eine übernatürliche Dimension und übergeordnete Intelligenz ist kein Raum. Genannt wird diese wissenschaftliche Box ***"Methodischer Naturalismus"***. Die „Methode“ besteht darin, dass nur das Natürliche, Materielle als real angesehen wird. Was nicht "wissenschaftlich" gemessen, gewogen und gezählt werden kann, fällt durch das Raster. Alles Übernatürliche ist von Anfang an draußen. Das ist eine wunderbar geniale, fugendichte Abschottung gegenüber jeder Art von Schöpfung und

Alles, was nicht im Käfig ist, existiert nicht

Schöpfer. Damit igelt sich die Evolutionstheorie in einen selbstgebauten Käfig ein, in dem nur das als real anerkannt wird, was sich im Käfig befindet. Ein wenig unpassend ist dabei nur, dass auch in der Evolutionstheorie das meiste nicht gemessen, gewogen und gezählt werden kann ...

Der einzige Wermutstropfen in diesem gutgemeinten Harmonisierungssystem: die Realität kommt zu kurz. Das erkennen Laien, die ihren einfachen, gesunden Menschenverstand benutzen, oft viel leichter. Da kriegt man die Antwort: ***"Ich glaube nicht an Gott, es gab ja Evolution."*** Punkt, fertig, aus - und Recht haben sie. Wenn es eine Evolution von der "Amöbe zu Goethe" gegeben hat, ist Gott völlig überflüssig. Der hätte dann wirklich nur noch die Rolle eines Lückenbüßers inne. Dafür braucht man keinen Gott.

Der Mensch wäre ein höher entwickeltes Tier, hätte somit keinerlei Verantwortung für seine Taten, es gäbe keine Sünde, Erlösung und Jesus wären völlig überflüssig. Da denkt der Schüler, der sagt: "Wenn es Evolution gegeben hat, braucht es keinen Gott" weitaus logischer. Da aber umgekehrt genauso gilt: "Wenn es Gott gibt, braucht es keine Evolution", ist jede "Harmonisierung" zwischen Schöpfung und Evolution nur ein fauler Kompromiss. ***Entweder es war die Evolution, dann ist Gott überflüssig, oder es war Gott, dann ist die Evolution überflüssig.***

In seinem Gebet zu Gott unmittelbar vor seinem Tod betete Jesus: ***„Dein Wort ist die Wahrheit“*** *(Johannes 17, 17)*. Das bezog sich auf das gesamte Alte Testament inklusive Schöpfungsbericht. Ist der Schöpfungsbericht nun Wahrheit oder Märchen? Hat Jesus gelogen? Ist das 1. Buch Mose ein Lügenbericht? Ist es vorstellbar, dass der Sohn Gottes ein Lügner war? Oder war Jesus so einfältig und unbedarft, dass er gar nicht begriffen hat, was er da von sich gab? Ein Kind seiner Zeit? War er nicht akademisch gebildet genug?

„Theistische Evolution“ klingt sehr einleuchtend, weil sie beide Seiten zusammenbringt. Aber von der Bibel her ist ein Gott, der „durch Evolution schuf“, nur noch ein ***Lückenbüßer***. Er kann gerade noch mal da ins Spiel kommen, wo noch keine Evolutionshypothese gefunden wurde. Am Schluss des Schöpfungsberichts heißt es: ***„Gott sah an alles, was er gemacht hatte, und siehe, es war sehr gut“*** *(1. Mose 1, 31)*. Eine Schöpfung durch millionenfachen Tod, Fressen und Gefressenwerden, Leid, Qual, Parasitismus, Kannibalismus usw. ist überhaupt nicht „gut“. Ein Gott, der so „schafft“, wäre sadistisch und grausam. Vor dem ***„Sündenfall“ des Menschen*** (der Loslösung von Gott) gab es gar keinen Tod in der Welt. Allen Tieren und auch dem Menschen hatte Gott nur die Pflanzen, Samen und Früchte zur Nahrung gegeben. An dieser Stelle war Gott offensichtlich ausnahmsweise einmal logisch - jedenfalls sehr viel logischer als unsere weisen Harmonisierungslösungen.

Manche bibelgläubigen Theologen versuchen auch, die „Milliarden“ Evolutionsjahre zwischen dem ersten und zweiten Satz der Bibel unterzubringen: ***„Am Anfang schuf Gott Himmel und Erde.“*** Nun ein Einschub von Milliarden Jahren, in dem alle Fossilien, geologischen Abläufe und Evolutionsvorgänge untergebracht werden, und dann der zweite Satz: ***„Und die Erde war wüst und leer“*** - wobei für *„war“* dann *„wurde“* eingesetzt wird. Es habe eine „voradamitische Katastrophe“ gegeben, aus der Gott dann eine neue Schöpfung erstehen ließ. Diese Theorie wurde unter dem Begriff ***„Lücken-“*** oder ***„Restitutionstheorie“*** bekannt. Evolutionsvertreter belächeln diese krampfhaften Versuche; den Schöpfungsbericht irgendwie mit „Evolution“ abzustimmen. Von der Bibel her ist das unhaltbar. Es funktioniert nur, wenn man die Bibel in ihre Bestandteile auflöst. Auch hier wieder ein übergroßer Respekt vor wissenschaftlichen „Ergebnissen“, die in Wirklichkeit vor allem Hypothesen und Mutmaßungen sind.

Wir können WISSEN, dass Gott existiert. Hat er sich dann irgendwo in seiner Dimension auf seinen Thron gesetzt und Milliarden Jahre gewartet, bis irgendwann durch Zufall sich aus nichts ein Universum bildete? Hat er weitere Milliarden Jahre gewartet, bis sich irgendwo auf einem Planeten eine Ursuppe bildete, in der nach weiteren Milliarden zufällig eine Urzelle entstand, aus der sich nach weiteren Milliarden Würmer entwickelten, die irgendwie, irgendwann zu Fischen wurden, dann zu Lurchen, daraus Reptilien, daraus Vögel und Säugetiere? ***Gott als der himmlische Zuschauer bei einer Evolution***, bei der er vollkommen überflüssig war?

Ist ein solches Szenario glaubwürdig? Auch wenn wir sehr wissenschaftsgläubig sind, müssen wir uns zu einem solchen Glauben sehr anstrengen. Schließlich können wir ja gelegentlich auch ohne wissenschaftliche Vorgaben denken. Das Ursuppenmodell ist für Gott doch eher ein Suppenwitz.

Wer sich auf "Theistische Evolution" einlässt, lässt sich gleichzeitig auf eine Theologie ein, die alle ***Wunder*** der Bibel gestrichen hat - "nette Geschichten, geistliche Metapher, symbolische Bilder, Mythen, Legenden" (Bultmann, Käsemann, Lüdemann usw.). Oder die die Wunder und übernatürlichen Ereignisse nur noch ***„symbolisch“*** versteht und "tiefenpsychologisch" auffüllt (Drewermann, Rahner, z. T. Grün usw.). Das ist rational, logisch, der menschlichen Vernunft angemessen, aufgeklärt, nüchtern und lebensnah. Damit kann man unbeschwert an Gott glauben und doch alle Anfragen an die eigene geistige Zurechnungsfähigkeit wunderbar abschmettern.

Aus ihrer ***übergroßen Ehrfurcht vor der „Wissenschaft“*** vertrauen Theologen dabei weit mehr atheistischen Vorgaben als biblischen Aussagen. Dann dürfen sie sich natürlich nicht wundern, wenn auch atheistische Überzeugungen dabei herauskommen. Darunter fällt dann auch die Charkterisierung gläubiger Schöpfungswissenschaftler (und Christen) als „unwissenschaftlich, intolerant, fundamentalistisch, mittelalterlich, antiwissenschaftlich, antidemokratisch, fanatisch, allgemeingefährlich“. Zusammengefasst in dem wunderbar anschaulichem Wort ***„Kreationist“***. Schon der Gedanke an diese Art Mensch lässt einen erschaudern. Wie weit ist es da noch bis zu Leuten, die sich Bomben umschnallen und selbst in die Luft sprengen? „Kreationist“ - ist das nicht im Grunde identisch mit ***„Terrorist“***? (Nennen Sie

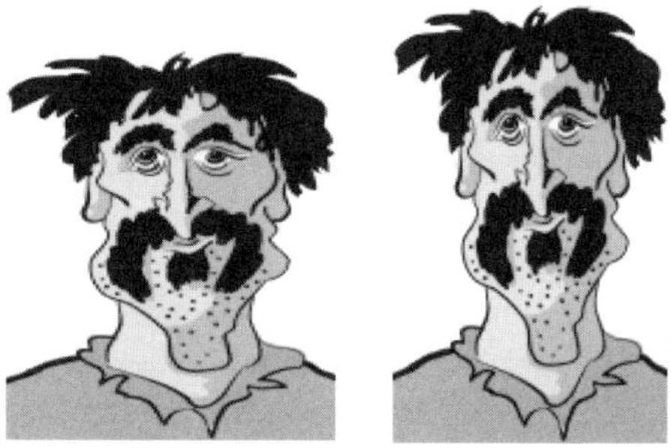

Terrorist **Kreationist**

Erkennen Sie den minimalen Unterschied?
Möchten Sie mit solchen Leuten zu tun haben?

mal einen Evolutionswissenschaftler „Evolutionist“! Da bekommen Sie was zu hören.)

Es ist daher nur zu verständlich, wenn Theologen mit „Kreationisten“ nichts zu tun haben wollen und sich entschieden von ihnen distanzieren. Der Glaube an Gott als einen Schöpfergott ist schließlich eine hochbrisante, menschheitsgefährdende Angelegenheit. Warum musste Gott gerade ein derart unlogisches, unintelligentes, unpopuläres Konzept für sein Vorgehen wählen?

Warum glaubt heute kaum noch jemand an Gott? Wegen "wissenschaftlicher Ergebnisse", die mit großem Nachdruck und Unterstützung der Presse von atheistischen Wissenschaftlern vorgetragen werden. Derartige Ergebnisse machen auf elegante Weise Gott überflüssig. Wenn alles sich durch Evolution in Milliarden Jahren allmählich höherentwickelt hat, wozu braucht es da noch Gott? Laien nehmen doch die Aussagen der Wissenschaftler ernst. Die wenigsten erkennen, dass "Wissenschaft" durchaus nicht von Natur aus objektiv sein muss.

Den Schöpfungswissenschaftlern wirft man vor, sie würden Glaubensinhalte in die Forschung einbringen. Wer tut das nicht? Jeder hat eine persönliche Weltanschauung, die er irgendwie einbringt. Völlig "objektive" Wissenschaft ist Illusion. ***Haben atheistische Evolutionsbiologen keinen Glauben?*** Natürlich haben sie einen - nicht an Gott, sondern an keinen Gott. Selbstverständlich ist das ebenfalls Glaube. Oder konnte jemals irgendwo ein Beweis für die Nichtexistenz Gottes erbracht werden? Das ist noch nie gelungen - da sind die vielfach geschmähten Gottesbeweise der christlichen Denker und gläubigen Theologen weitaus plausibler. Es ist keineswegs so, dass es nur einen Schöpfungsglauben gibt. Viel verbreiteter ist heute ein ***Evolutionsglaube***. Dort gibt es auch so gut wie keine Probleme mit Zweifeln.

Wenn alles, was durch Wissenschaft nicht belegbar ist, ausscheidet, was bleibt dann noch von den biblischen Aussagen? Manche Gläubige, die Schöpfung und Evolution irgendwie "harmonisieren" wollen, scheiden vielleicht nur Schöpfung, Sintflut und kurze Zeiträume aus. Sie versuchen, ihren Glauben an Gott aufrechtzuerhalten. Aber was bleibt am Ende von diesem Glauben übrig? ***Alle Wunder des Alten Testaments*** sind nicht wissenschaftlich belegbar - die Teilung des Roten Meeres, die Geschehnisse bei Mose, Josua, Samuel, Jona, Elia, Elisa usw. Das ist, wissenschaftlich gesehen, alles Humbug. Wieviel logischer ist da doch, dass sich Gott einen Schimpansen hernahm, aus dem er dann den ersten Menschen, nämlich Adam, schuf. Das ist doch eine wahrhaft göttliche Vorgehensweise, die auch keiner Wissenschaft mehr auf die Füße tritt.

Was ist mit den ***Wundern im Neuen Testament***? Jungfrauengeburt, Totenauferweckungen, Dämonenaustreibungen, Heilungen, Brotvermehrung, Gehen auf dem Wasser usw.? Das ist doch wissenschaftlicher Nonsense. Was ist mit dem ***Sühnetod*** am Kreuz? Eine einzelne Person soll die Sünden aller Menschen tragen und "Erlösung" bringen? Wissenschaftlich gesehen Quatsch. Was ist mit der ***Auferstehung***? Damit bringen Sie Atheisten höchstens zum Lachen..

Schöpfung in sechs Tagen und alle Kurzzeitszenarien für Lebensentstehung, Artenvielfalt, Entstehung des Universums, geologische Abläufe sind für die menschliche Vernunft völlig unannehmbar, wissenschaftlich unzumutbar. Alle wissenschaftlichen Vorgaben sprechen dagegen. ***Doch mit der gleichen Logik ist die ganze Bibel "unzumutbar".*** Sämtliche Wunder, Jungfrauengeburt, Auferstehung, Leben nach dem Tod, Himmel, Hölle, Satan usw. sind doch wissenschaftlich unhaltbar, rational unzumutbar, nie wissenschaftlich nachweisbar. Alle wissenschaftlichen Vorgaben sprechen dagegen. An so etwas zu glauben, sträubt sich doch der brilliante, allwissende Menschenverstand. Und die Hypothese "Gott"? "Wissenschaftlich völlig ungesichert".

Was bleibt bei diesen "Harmonisierungsversuchen" vom Glauben, von Gott, von der Bibel? Wissenschaftlich gesehen nichts. Wenn "modern-liberale" Theologen krampfhaft die sechs Schöpfungstage zu Jahrtausenden oder Jahrmillionen aufzubauschen versuchen (um wissenschaftlichen Ansprüchen zu genügen), ergibt sich mit der gleichen Logik die Frage: Wie lange war Jesus im Grab? Waren es 3 Jahrtausende, 3 Jahrmillionen oder möglicherweise 3 Tage?

Lazarus war schon vier Tage tot, als Jesus ihn aus dem Grab rief *(Lukas 11, 1-45)*. Wir wissen alle, dass Totenauferweckungen gar nicht so einfach sind. Um so etwas zu bewerkstelligen, muss man schon mit längeren Zeiträumen rechnen. Überlegen Sie einfach, wie lange Sie wohl dazu brauchen würden. Mehrere Wochen? Ein Jahr? 10 Jahre, 50 Jahre? Jesus rief einfach, und schon kam Lazarus aus dem Grab. Jesus ließ den Zeitfaktor einfach unberücksichtigt.

Macht Gott sich hier einmal mehr über unsere unbestechliche Logik lustig? Ohne langatmige Zeitverzögerungen geschahen auch alle Heilungen, die Jesus vollbrachte. Alles passierte immer sofort - ***obwohl die Naturgesetze dem strikt entgegenstehen***. Wie lange brauchte Gott, um **Adam** zu schaffen? 20, 30 Jahre? Schließlich wurde Adam ja als Erwachsener geschaffen. Gott tat es gegen alle menschlich-vernünftigen Maßstäbe auf der Stelle. Er handelte einfach in seiner göttlichen Unlogik, obwohl wir ja genau wissen, dass ein solches Vorgehen absolut unmöglich ist.

Was atheistische Wissenschaftler und moderne Theologen betreiben, läuft einfach auf ***Realitätsausblendung*** hinaus. Wer nur das Sichtbare akzeptiert, übersieht, dass es eine Dimension geben könnte, zu der wir in unserem Leben keinen (oder nur minimalen) Zugang haben. Und ebenfalls, dass ein realer Gott nicht an menschliche Vorstellungen, theologische Ideen und wissenschaftliche Vorgaben gebunden ist. Stattdessen schaffen wir uns unsere eigene "Realität" gemäß unserem geistigen Fassungsvermögen. Damit leben wir dann aller Fragen ledig bis zur Stunde Null. Danach be-